AF217832

Test 1a: Zahlen bis 1 000 darstellen

1 Trage die passenden Zahlen ein.

a)

H	Z	E
2	7	6

b) 5 H 7 Z 5 E

c)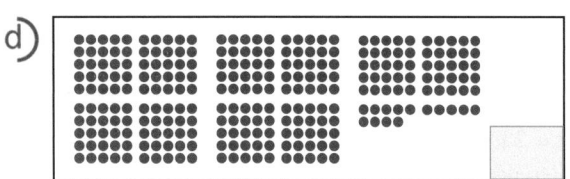

d)

e)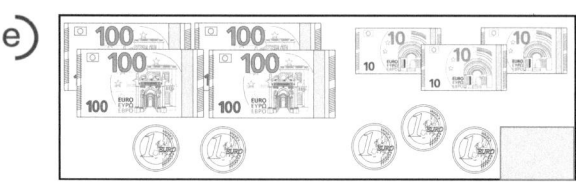

2 Stelle folgende Zahlen in einer anderen Form dar.

a) 241

b) 432

c) 512

3 Schreibe die Zahlen daneben.

a) siebenhundertdreiundfünfzig

b) achthundertfünf

c) sechshundertvierundneunzig

d) dreihundertneunzig

4 Schreibe die Zahlen als Zahlwörter.

a) 452 _____

b) 730 _____

c) 798 _____

d) 603 _____

5 Bilde mit diesen Karten acht dreistellige Zahlen.

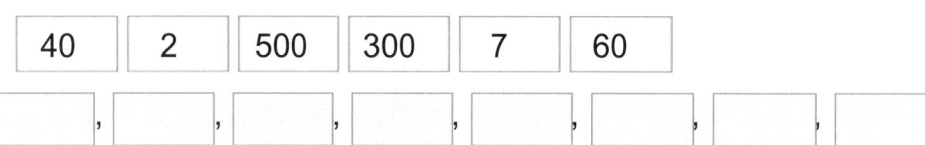

40	2	500	300	7	60

Wie kann ich die Aufgabe lösen?
☺ kann ich gut lösen; ☺ kann ich nur zum Teil gut lösen; ☹ kann ich nicht lösen

Test 1b: Zahlen in der Tausendertafel und am Zahlenstrahl eintragen

1 Ergänze in den Ausschnitten der Tausendertafel die fehlenden Zahlen.

a)

514		
	525	
		537
	546	

b)

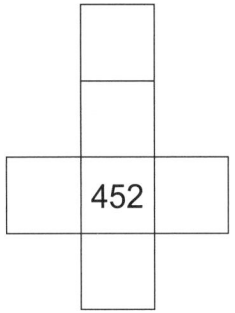

c)

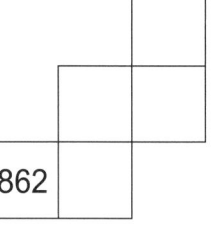

2 Lies an folgendem Ausschnitt aus einem Zahlenstrahl die Zahlen ab und trage sie ein.

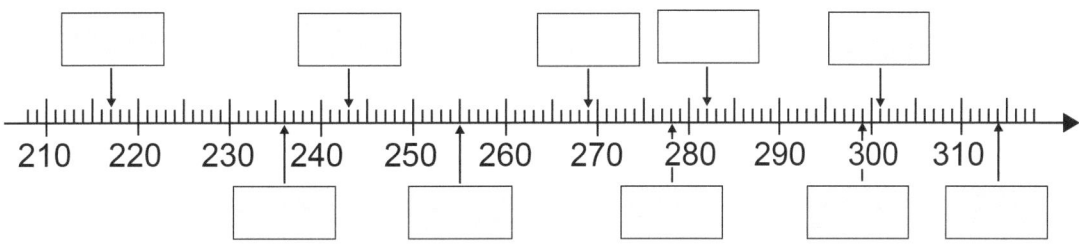

3 Markiere folgende Zahlen am Zahlenstrahlausschnitt mit einem Pfeil.
424, 485, 453, 478, 444, 498, 425

```
410   420   430   440   450   460   470   480   490   500   510
```

4 Bestimme die Nachbarzahlen.

a) ☐ 700 ☐   b) ☐ 870 ☐   c) 289 ☐ 291

5 Bestimme die Nachbarzehner.

a) ☐ 803 ☐   b) ☐ 596 ☐   c) ☐ 700 ☐

6 Bestimme die Nachbarhunderter.

a) ☐ 349 ☐   b) ☐ 903 ☐   c) ☐ 518 ☐

Wie kann ich die Aufgabe lösen?
☺ kann ich gut lösen; ☺ kann ich nur zum Teil gut lösen; ☹ kann ich nicht lösen

Test 1c: Zahlenfolgen, Zahlen vergleichen und ordnen

❶ Ergänze die Zahlenfolgen.

a) 693, ☐, ☐, ☐, 697, ☐, ☐, ☐

b) 783, ☐, ☐, ☐, 779, ☐, ☐, ☐

❷ Setze die Zahlenfolgen fort.

a) 238, 242, 246, ☐, ☐, ☐, ☐

b) 509, 510, 512, 515, ☐, ☐, ☐, ☐

c) 413, 418, 415, 420, 417, ☐, ☐, ☐, ☐

❸ Ordne die Zahlen der Größe nach.

a)

| 525 | 712 | 678 |
| 941 | | 415 |

☐ < ☐ < ☐ < ☐ < ☐

b)

| 742 | 705 | 778 |
| 787 | | 724 |

☐ < ☐ < ☐ < ☐ < ☐

❹ Setze die Zeichen < und > passend ein.

a) 325 ◯ 452   b) 917 ◯ 942   c) 587 ◯ 551   d) 463 ◯ 436

❺ Setze jeweils eine passende Zahl ein.

a) 312 < ☐   b) 817 > ☐   c) 701 > ☐   d) 582 < ☐

❻ Zeichne die Pfeile passend ein.

a)   ist größer als →

625   378

417   255

b)   ist kleiner als →

85   403

423   507

Wie kann ich die Aufgabe lösen?
☺ kann ich gut lösen; ☻ kann ich nur zum Teil gut lösen; ☹ kann ich nicht lösen

Test 1d: Achsensymmetrische Figuren erkennen und zeichnen

1 Stelle fest, welche der Figuren achsensymmetrisch sind.

Umkreise alle achsensymmetrischen Figuren
und zeichne die Symmetrieachse ein.

    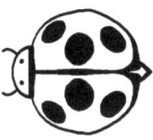 

2 Nenne 3 Figuren oder Darstellungen aus deinem Umfeld, die
achsensymmetrisch sind.

3 Zeichne zu folgenden Figuren das Spiegelbild.

a) 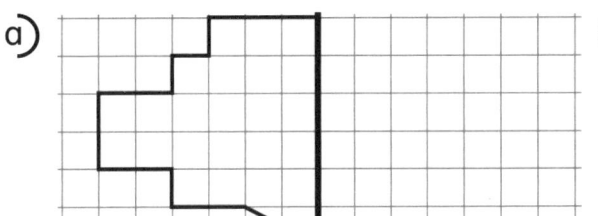 b)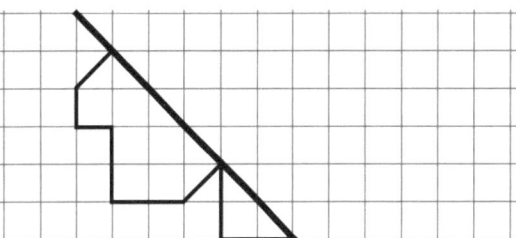

4 Zeichne bei folgenden symmetrischen Figuren alle Spiegelachsen ein.

 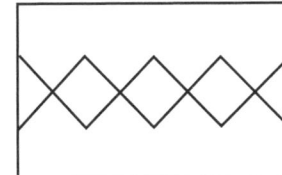 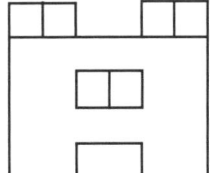 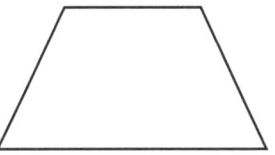

5 Setze das symmetrische Muster fort.

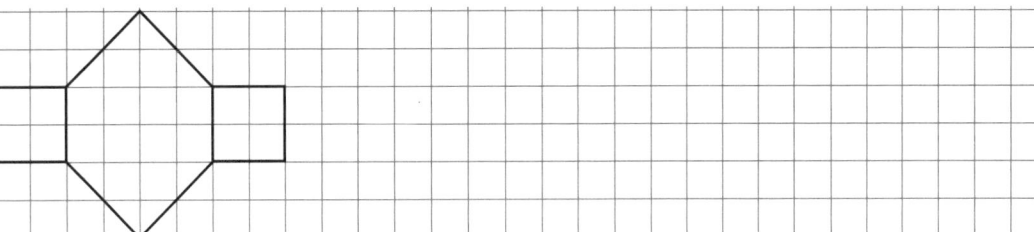

Wie kann ich die Aufgabe lösen?
☺ kann ich gut lösen; ☺ kann ich nur zum Teil gut lösen; ☹ kann ich nicht lösen

Diagnosebogen zu den Tests zum Themenheft 1 *Die Zahlen bis 1000/Geometrie Teil 1 – Achsensymmetrie*

HRU: Allgemeine Hinweise, Anregungen für den Unterricht, individuelle Förderung und Arbeit im Plenum s. S. 76–85;
Kompetenzraster: Kom Ü1–Ü2; Beobachtungsbogen „Allgemeine mathematische Kompetenzen": BBK; Lehrerkopiervorlagen: LKV 1–12;
Kompetenzbögen: Kom 1a–1d; Beobachtungsbögen: BB 1a–1c; Tests: Test 1a–1d; Tests mit besonderen Anforderungen: Test mbA 1a–1c
Kopiervorlagen: KV 1–35
Lernsoftware Interaktive Übungen: Zahlen und Operationen: Die Zahlen bis 1 000; Raum und Form: Achsensymmetrie

s = sicher; ü = überwiegend sicher; t = teilweise; n = noch nicht

kann	s	ü	t	n	★ Förderhinweise ☆ Förderhinweise bzw. Fördermaterial*	LKV/KV
Test 1a: Zahlen bis 1 000 darstellen						
❶ Zahlen in verschiedenen Darstellungen erkennen und notieren					★ die dargestellten Zahlen mit den vorgegebenen Materialien nachlegen ★ Zahlen mit verschiedenen Materialien legen und die gelegte Zahl nennen ★ zweistellige Zahlen mit verschiedenen ungebündelten Materialien legen, bündeln und dann zählen, dann auf dreistellige Zahlen ausweiten und ggf. zu gebündelten Materialien übergehen ★ Lernsoftware: „Zahlen bilden" ☆ im Kopf Zahlen mit verschiedenen Materialien legen, die Zahl nennen, dann mit Material nachlegen und die Lösung überprüfen ☆ VM TH1 S. 15–18, 22, 23; LM TH1 S. 13–15, 18, 19	LKV1, LKV2, LKV3 KV2
❷ Zahlen in einer anderen Form darstellen					★ die Zahlen mit realem Material legen und dann zeichnen ★ nacheinander verschiedene Materialien erproben und dann bewerten, ob sie individuell hilfreich sind ☆ Zahldarstellungen mit verschiedensten Materialien erproben bzw. selbst zeichnen und die Ergebnisse notieren ☆ VM TH1 S. 15–17, 22, 23; LM TH1 S. 13–15, 18, 19	LKV2–LKV4 KV1, KV3–6
❸ Zahlwörter lesen					★ Zahlwörter bis 10, dann bis 100 lesen und die einzelnen Zahlwörter für Hunderter, Zehner und Einer farbig unterstreichen. Parallel die Struktur in einer Stellenwerttafel oder mit Zahlenkarten, die aufeinandergelegt werden, verdeutlichen ★ das Zahlwort langsam lesen, dann die einzelnen Zahlwörter erst durch einen Strich voneinander trennen und dann in verschiedenen Farben unterstreichen ★ Lernsoftware: „Zahlen schreiben" ☆ Zahlwörter buchstabieren und der Partner schreibt die entsprechende Zahl auf ☆ vierstellige Zahlwörter lesen	LKV3 KV8, KV9
❹ Zahlwörter schreiben					★ die Zahl erst mit Zahlenkarten legen/in eine Stellenwerttafel eintragen, dann das Zahlwort schreiben ★ Lernsoftware: „Zahlen schreiben" ☆ vierstellige Zahlwörter schreiben	LKV3, LKV4 KV8, KV9

Thema		
⑤ dreistellige Zahlen aus Zahlenkarten bilden	★ als erste Stufe ein- und zweistellige Zahlen mit den Zahlenkarten bilden, diese benennen und in eine Stellenwerttafel eintragen ★ Zahlen, die in einer Stellenwerttafel notiert sind, mit Zahlenkarten legen und die Zahl benennen ☆ vierstellige Zahlen aus Zahlenkarten bilden ☆ Zahlen aus Zahlenkarten bilden und dabei bestimmte Vorgaben berücksichtigen/KV10*	LKV4, LKV8 KV10*, KV12
Test 1b: Zahlen in der Tausendertafel und am Zahlenstrahl eintragen		
❶ Zahlen in Ausschnitte der Tausendertafel eintragen	★ Zahlen in eine Hundertertafel/in einen Ausschnitt einer Hundertertafel/einen Ausschnitt einer Tausendertafel eintragen, dann in eine Tausendertafel ★ die Systematik der Hundertertafel benennen, dann die Systematik der Tausendertafel benennen ★ Zahlen in der Tausendertafel schnell finden lassen. Dazu laut erklären lassen, wie das Kind vorgeht. ★ Partnerspiel an der Tausendertafel: Wer findet die Zahl „x" als Erster? ★ Lernsoftware: „Zahlen in der Tausendertafel ergänzen" ☆ Partner stellen sich gegenseitig Rätsel zu Zahlen/Mustern in der Tausendertafel/KV16* LM TH1 S. 27, 28; VM TH1 S. 22	LKV5 KV13–15, KV16*, KV17
❷ Zahlen in einen Zahlenstrahl eintragen	★ den Zahlenstrahlausschnitt auf einem Zahlenstrahl von 0 bis 1000 suchen ★ den Zahlenstrahlausschnitt durch Farbmarkierungen individuell strukturieren, z.B. Markierung von 50ern in einer bestimmten Farbe und von 100ern in einer anderen Farbe ★ benennen, welche Hunderter, Fünfziger, Zehner usw. vor dem ersten Strich des Zahlenstrahlausschnittes nicht zu sehen sind und benennen, wie der Zahlenstrahl fortgesetzt werden müsste ★ Lernsoftware: „Die Zahlen am Zahlenstrahl" ☆ gegenseitig auf Zahlen zeigen und diese blitzschnell nennen	LKV6, LKV7 KV18–20
❸ Zahlen am Zahlenstrahl markieren	★ den Zahlenstrahlausschnitt durch Farbmarkierungen individuell strukturieren, z.B. Markierung von 50ern in einer bestimmten Farbe und von 100ern in einer anderen Farbe ★ die wichtigen Strukturen des abgebildeten Zahlenstrahlausschnittes benennen und dann die gesuchten Zahlen eintragen ★ sich gegenseitig Rätselfragen zu Zahlen im Zahlenstrahlausschnitt stellen ☆ Zahlen an großen Zahlenstrahlausschnitten bestimmen, die nur sehr grob unterteilt sind oder keine Zahlvorgabe enthalten ☆ VM TH1 S. 35–37, LM TH1 S. 27	LKV6, LKV7 KV18–20, KV21*
❹ Vorgänger und Nachfolger bestimmen	★ Tausendertafel zur Verdeutlichung nutzen, dann die Zahlen am Zahlenstrahl zeigen ★ Zahlen am Zahlenstrahl finden und ablesen ★ Lernsoftware: „Nachbarzahlen"	LKV7 KV22

kann	s	ü	t	n	★ Förderhinweise / ☆ Förderhinweise bzw. Fördermaterial*	LKV/KV
❺ Nachbarzehner bestimmen					★ Tausendertafel als erste Verdeutlichung nutzen, dann die Zahlen am Zahlenstrahl zeigen und die Nachbareiner ablesen ★ Zahlen am Zahlenstrahl finden und ablesen ☆ einen passenden Zahlenstrahlausschnitt ohne Sicht auf einen Zahlenstrahl nennen ☆ Nachbarzehner zu Zahlen im Bereich bis 2000 nennen	LKV7 KV22
❻ Nachbarhunderter bestimmen					★ Tausendertafel zur Verdeutlichung nutzen, dann die Zahlen am Zahlenstrahl zeigen ★ Zahlen am Zahlenstrahl finden und ablesen ☆ einen passenden Zahlenstrahlausschnitt ohne Sicht auf einen Zahlenstrahl nennen ☆ Nachbarhunderter zu Zahlen im Bereich bis 2000 nennen	LKV7 KV22
Test 1c: Zahlenfolgen, Zahlen vergleichen und ordnen						
❶ Zahlenfolgen ergänzen					★ Zahlenstrahl zur Veranschaulichung nutzen ★ die Bildungsregel gemeinsam entdecken und benennen	LKV9 KV24
❷ Zahlenfolgen fortsetzen					★ Zahlenstrahl zur Veranschaulichung nutzen ★ ober-/unterhalb der ersten Zahlen notieren, was bis zur nächsten Zahl gerechnet wurde ★ die Bildungsregel gemeinsam entdecken und benennen ☆ schwierige Zahlenfolgen mit dem Partner entwickeln und diese abwechselnd lösen	LKV9 KV24
❸ Zahlen der Größe nach ordnen					★ einen Zahlenstrahl zur Orientierung nutzen ★ Lernsoftware: „Zahlen ordnen und vergleichen" ☆ auch Zahlen aus dem Zahlenraum bis 2000 mit einbeziehen	LKV10 KV25
❹ Relationszeichen korrekt verwenden					★ Hilfestellungen zum Erkennen der Richtung des Relationszeichens geben bzw. wiederholen („Krokodil…", „Spitze zeigt…") ★ Zahlenstrahl zur Veranschaulichung der Größe der Zahlen ☆ Relationszeichen in Rechenterme korrekt einsetzen bzw. kleine Rechenrätsel/KV26*	KV25, KV26*
❺ Passende Zahlen ergänzen					★ Zahlenstrahl zur Orientierung nutzen ☆ „Finde alle möglichen Zahlen."/„Notiere 10 mögliche Zahlen."/KV26*	KV25, KV26*
❻ Pfeile anstelle von Relationszeichen verwenden					★ Notieren der einzelnen Möglichkeiten nebeneinander, um die Vorstellung mit der Darstellung am Zahlenstrahl abzugleichen ☆ die Schüler entwickeln eigene „Relationsrätsel", ggf. auch mit mehr Zahlen ☆ VM TH1 S. 42	KV25

Test 1d: Achsensymmetrische Figuren erkennen und zeichnen

❶ achsensymmetrische Figuren erkennen und die Symmetrieachse einzeichnen	★ Figuren mit dem Spiegel auf Achsensymmetrie überprüfen ★ Lernsoftware: „Achsensymmetrie prüfen"	LKV11, LKV12 KV31
❷ achsensymmetrische Figuren in der Umwelt erkennen und benennen	★ mit einem Partner austauschen, ob und warum die jeweilige Figur achsensymmetrisch ist ☆ komplexe nicht-symmetrische Figuren in der Umwelt suchen und mit einem Partner besprechen, warum diese genau NICHT achsensymmetrisch ist	
❸ das Spiegelbild zu vorgegebenen Figuren zeichnen	★ den Spiegel zu Hilfe nehmen, um das Spiegelbild korrekt zu erstellen und zu überprüfen ★ Lernsoftware: „Symmetrische Figuren", „Achsensymmetrie mit dem Geobrett" ☆ Figuren selbstständig erweitern und dazu die Symmetrieachse einzeichnen ☆ Figuren an zwei und mehr Achsen spiegeln/KV34* ☆ VM TH1 S. 48, 52–55; LM TH1 S. 37–39	LKV12 KV30, KV32, KV33, KV34*, KV35
❹ Spiegelachsen in symmetrische Figuren einzeichnen	★ mit Hilfe des Spiegels die Spiegelachse ermitteln, dann einzeichnen ☆ in die Figuren kleine Details einzeichnen und dann die korrekte Spiegelung einzeichnen	LKV12 KV32
❺ symmetrische Muster im Karoraster fortsetzen	★ das Muster fortwährend mit dem Spiegel überprüfen, dafür die Spiegelachse mit Bleistift einzeichnen ☆ das Muster farbig gestalten und ggf. einzelne Kästchen mit verschiedenen Farben einfärben, um die Schwierigkeit zu erhöhen ☆ eigene komplexere Muster gestalten und fortsetzen ☆ VM TH1 S. 48, 52, 55	KV69

Test 2a: Plus- und Minusaufgaben mit Hundertern lösen

❶ Schreibe zu den Bildern passende Plusaufgaben und löse sie.

a)

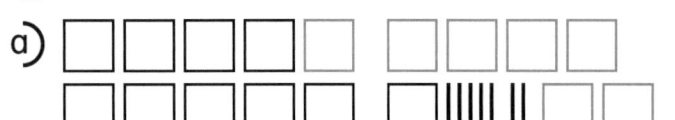

     ☐ + ☐ = ☐

     ☐ + ☐ = ☐

     ☐ + ☐ = ☐

     ☐ + ☐ = ☐

b)

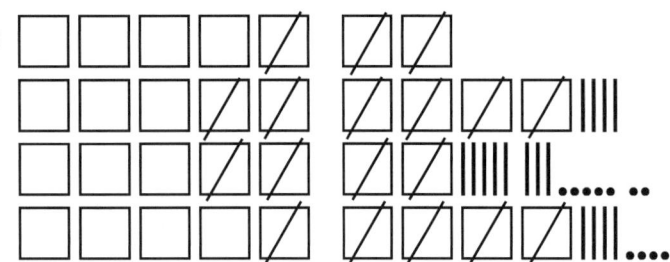

     ☐ – ☐ = ☐

     ☐ – ☐ = ☐

     ☐ – ☐ = ☐

     ☐ – ☐ = ☐

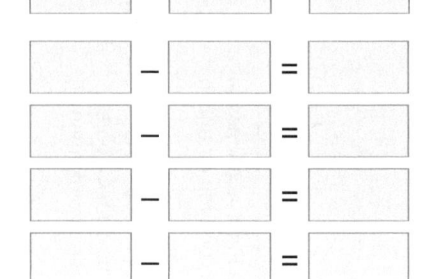

❷ Zeichne zu den Aufgaben Rechenbilder und rechne.

a) $300 + 400 =$ ☐   _____

    $700 - 400 =$ ☐   _____

    $600 + 300 =$ ☐   _____

b) $870 - 300 =$ ☐   _____

    $260 + 500 =$ ☐   _____

    $640 - 500 =$ ☐   _____

c) $543 + 200 =$ ☐   _____

    $421 + 500 =$ ☐   _____

    $617 - 400 =$ ☐   _____

❸ Rechne.

a) $500 + 400 =$ ☐   b) $870 - 200 =$ ☐   c) $468 - 300 =$ ☐

    $700 - 500 =$ ☐ $790 - 400 =$ ☐ $382 + 400 =$ ☐

    $800 - 300 =$ ☐ $160 + 700 =$ ☐ $653 - 200 =$ ☐

Wie kann ich die Aufgabe lösen?
☺ kann ich gut lösen; ☺ kann ich nur zum Teil gut lösen; ☹ kann ich nicht lösen

Test 2b: Rechenschritte bei Plusaufgaben mit Hundertern und Zehnern darstellen

1 Schreibe zu den Rechenbildern passende Aufgaben und löse sie.

a)

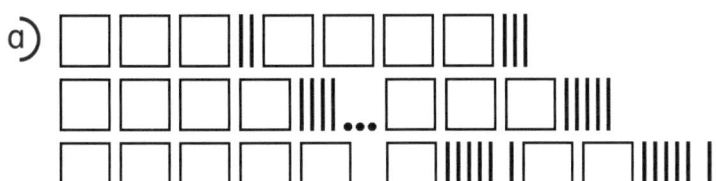

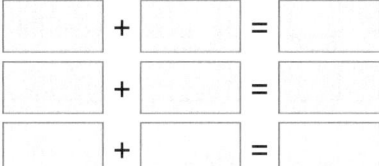

[ ] + [ ] = [ ]
[ ] + [ ] = [ ]
[ ] + [ ] = [ ]

b)

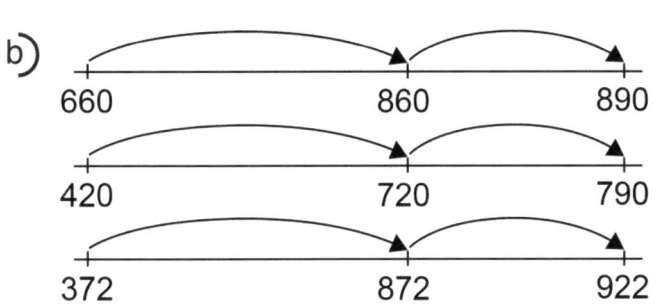

660   860   890

420   720   790

372   872   922

[ ] + [ ] = [ ]

[ ] + [ ] = [ ]

[ ] + [ ] = [ ]

c)

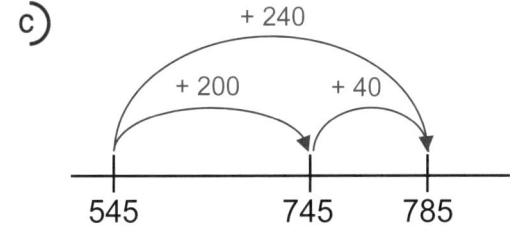

+ 240
+ 200   + 40
545   745   785

[ ] + [ ] = [ ]
[ ] + [ ] = [ ]
[ ] + [ ] = [ ]

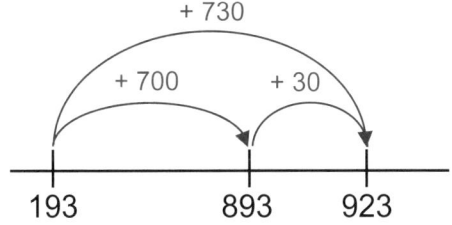

+ 730
+ 700   + 30
193   893   923

[ ] + [ ] = [ ]
[ ] + [ ] = [ ]
[ ] + [ ] = [ ]

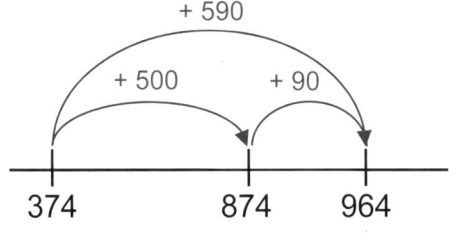

+ 590
+ 500   + 90
374   874   964

[ ] + [ ] = [ ]
[ ] + [ ] = [ ]
[ ] + [ ] = [ ]

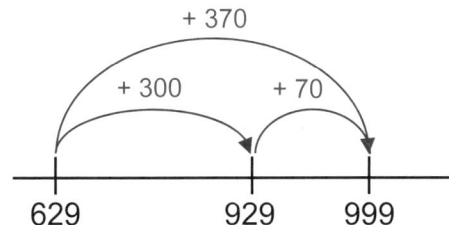

+ 370
+ 300   + 70
629   929   999

[ ] + [ ] = [ ]
[ ] + [ ] = [ ]
[ ] + [ ] = [ ]

Wie kann ich die Aufgabe lösen?
☺ kann ich gut lösen; ☺ kann ich nur zum Teil gut lösen; ☹ kann ich nicht lösen

Test 2c: Rechenschritte bei Minusaufgaben mit Hundertern und Zehnern darstellen

1 Schreibe zu den Rechenbildern passende Aufgaben und löse sie.

a)

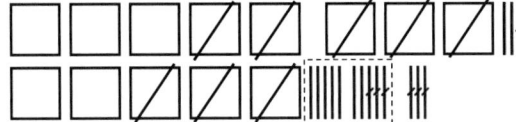
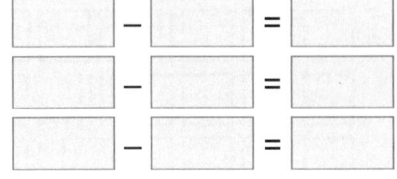

b)
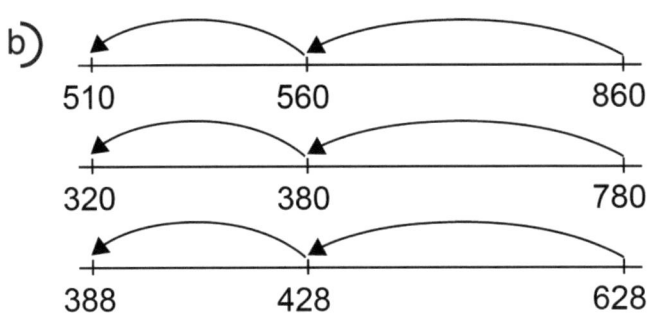
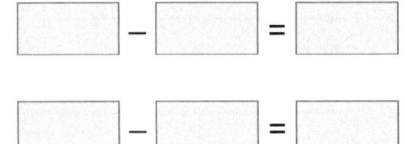

c)
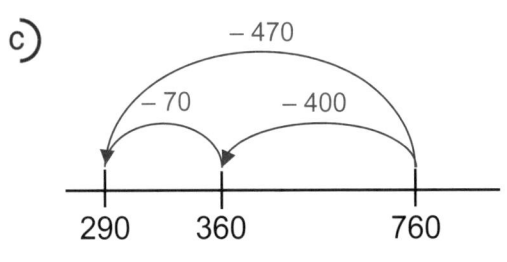
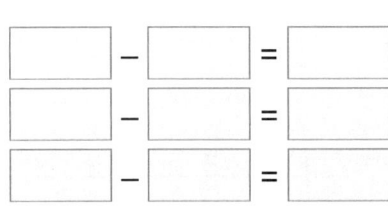

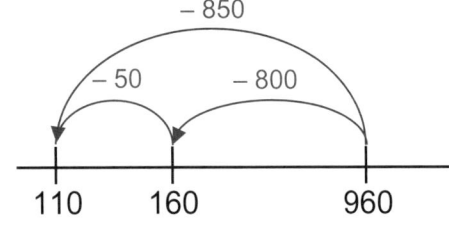
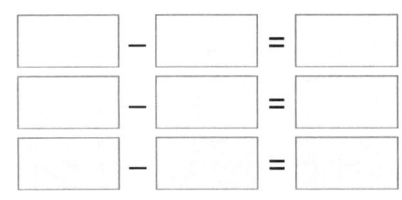

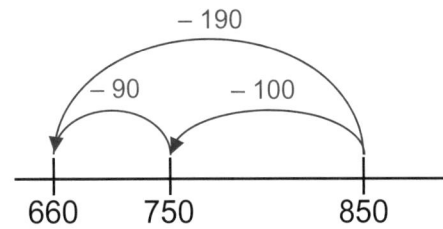
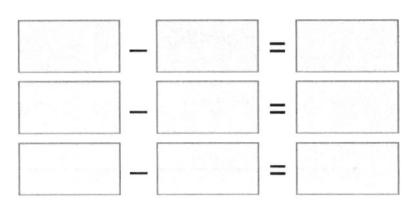

2 Stelle die Aufgaben in einem beliebigen Rechenbild dar und löse sie.

a) 710 – 360 = ⬚

b) 923 – 480 = ⬚

Wie kann ich die Aufgabe lösen?
☺ kann ich gut lösen; ☺ kann ich nur zum Teil gut lösen; ☹ kann ich nicht lösen

Test 2d: Plusaufgaben mit Hundertern, Zehnern und Einern in drei Schritten lösen

1 Rechne mit deinem Rechenweg und trage deine Rechenschritte ein.

a) 178 + 396 = ☐

178

b) 123 + 417 = ☐

123

c)

| 435 | + | 248 | = ☐ |

435 + ☐ = ☐

☐ + ☐ = ☐

☐ + ☐ = ☐

d)

| 326 | + | 437 | = ☐ |

326 + ☐ = ☐

☐ + ☐ = ☐

☐ + ☐ = ☐

2 Rechne. Wähle selbst aus, wie du deine Rechenschritte darstellst.

a) 328 + 471 = ☐

b) 536 + 348 = ☐

c) 478 + 276 = ☐

Wie kann ich die Aufgabe lösen?
☺ kann ich gut lösen; ☻ kann ich nur zum Teil gut lösen; ☹ kann ich nicht lösen

Test 2e: Minusaufgaben mit Hundertern, Zehnern und Einern in drei Schritten lösen

1 Rechne mit deinem Rechenweg und trage deine Rechenschritte ein.

a) 627 − 263 = ☐

b) 548 − 375 = ☐

c) 824 − 356 = ☐

d) 576 − 381 = ☐

824   576

e)

| 519 | − | 343 | = | ☐ |

519 − ☐ = ☐

☐ − ☐ = ☐

☐ − ☐ = ☐

f)

| 841 | − | 396 | = | ☐ |

841 − ☐ = ☐

☐ − ☐ = ☐

☐ − ☐ = ☐

2 Rechne. Wähle selbst aus, wie du deine Rechenschritte darstellst.

a) 619 − 425 = ☐

b) 947 − 578 = ☐

c) 328 − 177 = ☐

d) 689 − 593 = ☐

e) 432 − 385 = ☐

f) 917 − 569 = ☐

Wie kann ich die Aufgabe lösen?
☺ kann ich gut lösen; ☺ kann ich nur zum Teil gut lösen; ☹ kann ich nicht lösen

Test 2f: Zahlenrätsel und Sachaufgaben lösen

1 Löse die Zahlenrätsel. Schreibe auf, wie du rechnest. ☺ ☺ ☹

a) Die gesuchte Zahl erhältst du, wenn du zu 186 die Zahl 225 addierst.

Rechnung: _____ Die gesuchte Zahl heißt [ ].

b) Die gesuchte Zahl erhältst du, wenn du 554 und 342 addierst und anschließend 275 subtrahierst.

Rechnung: _____ Die gesuchte Zahl heißt [ ].

c) Die gesuchte Zahl erhältst du, wenn du von 850 zweimal 125 subtrahierst und anschließend 333 addierst.

Rechnung: _____ Die gesuchte Zahl heißt [ ].

2 Schreibe zu jeder Aufgabe deine Rechnung und den Antwortsatz. ☺ ☺ ☹

a) Zum Schulfest der Grundschule Mötzingen haben die 207 Schulkinder ihre Eltern und insgesamt 150 Geschwisterkinder eingeladen. Die Mütter der Klasse 3a backen Muffins. Sie gehen davon aus, dass jedes Kind einen Muffin isst. Wie viele Muffins müssen sie backen?

Rechnung: _____

Antwortsatz: _____

b) Beim Herrenberger Altstadtlauf kamen 295 Läufer ins Ziel. 19 Läufer gaben unterwegs auf. Wie viele Läufer gingen an den Start?

Rechnung: _____

Antwortsatz: _____

c) Im Theater gibt es 500 Plätze. Eine Stunde vor Beginn der Vorstellung waren noch 180 Plätze frei. Danach wurden noch 94 Karten verkauft. Wie viele Plätze waren insgesamt besetzt?

Rechnung 1: _____

Rechnung 2: _____

Antwortsatz: _____

Wie kann ich die Aufgabe lösen?
☺ kann ich gut lösen; ☺ kann ich nur zum Teil gut lösen; ☹ kann ich nicht lösen

Test 2g: Geometrische Grundformen erkennen und zeichnen

❶ 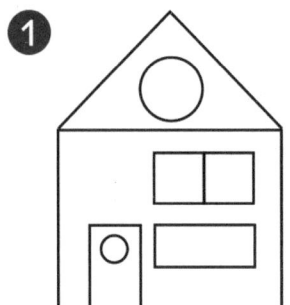 Suche in der Zeichnung nach geometrischen Formen.
Male die Rechtecke blau, die Quadrate gelb,
die Kreise grün und die Dreiecke rot aus.

❷ Zeichne folgende Figuren:

a) ein Quadrat, in dem sich ein
Quadrat befindet, das in zwei
Rechtecke unterteilt ist

b) ein Dreieck, an dessen drei
Seiten sich Quadrate befinden

❸ Zeichne folgende Figuren:

a) ein Quadrat mit der Seitenlänge
von vier Kästchen

b) ein Rechteck mit den
Seitenlängen 3 cm und 5 cm

c) ein Dreieck mit drei
unterschiedlich langen Seiten

d) ein Rechteck, das aus zwei
Quadraten zusammengesetzt ist

Wie kann ich die Aufgabe lösen?
☺ kann ich gut lösen; ☺ kann ich nur zum Teil gut lösen; ☹ kann ich nicht lösen

Test 2h: Flächeninhalte bestimmen und Figuren mit vorgegebenem Flächeninhalt zeichnen

1 Bestimme die Größe der Flächen durch Abzählen der Kästchen, die in die Flächen passen.

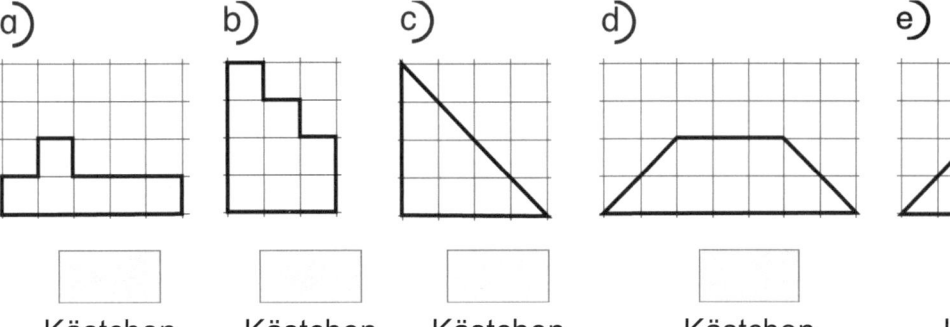

a) b) c) d) e)

Kästchen   Kästchen   Kästchen   Kästchen   Kästchen

2 Male jeweils zwei unterschiedliche Figuren, die …

a) … die Hälfte des Flächeninhalts der vorgegebenen Figur haben.

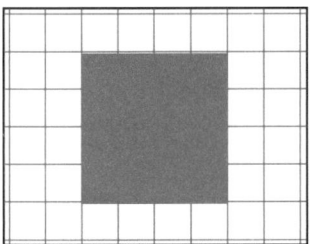 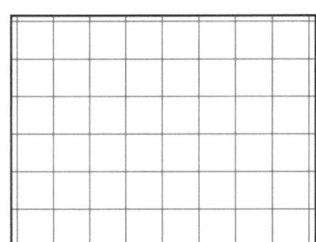 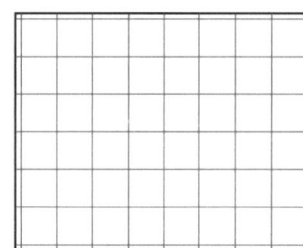

b) … das Doppelte des Flächeninhalts der vorgegebenen Figur haben.

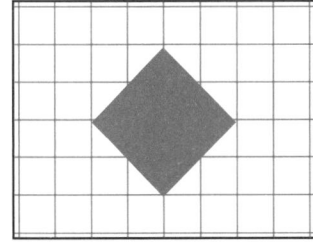 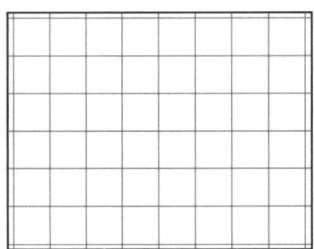 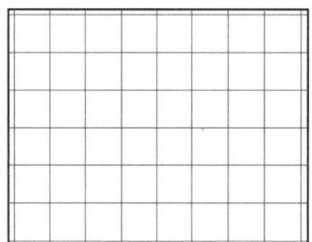

3 Paul und seine Schwester Maja bekommen in ihren Kinderzimmern neue Teppiche. Ein Kästchen auf dem Plan entspricht einem Quadrat von 1 m Kantenlänge in Wirklichkeit. Betrachte die Skizze und beantworte die Frage.

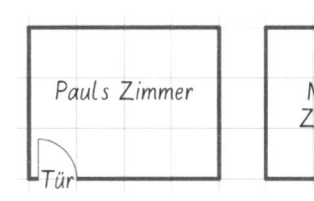 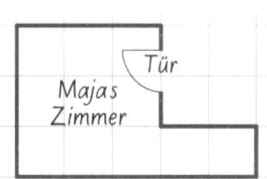

Für welches Zimmer benötigt man mehr Teppichboden?

Antwort: _____

Wie kann ich die Aufgabe lösen?
☺ kann ich gut lösen; ☺ kann ich nur zum Teil gut lösen; ☹ kann ich nicht lösen

Diagnosebogen zu den Tests zum Themenheft 2 *Addition und Subtraktion im Zahlenraum bis 1000/Geometrie Teil 2 – Flächen*

HRU: Allgemeine Hinweise, Anregungen für den Unterricht, individuelle Förderung und Arbeit im Plenum s. S. 112–116;
Kompetenzraster: Kom Ü1–Ü2; Beobachtungsbogen „Allgemeine mathematische Kompetenzen": BBK; Lehrerkopiervorlagen: LKV 13–29;
Kompetenzbögen: Kom 2a–2d; Beobachtungsbögen: BB 2a–2c; Tests: Test 2a–2c; Tests mit besonderen Anforderungen: Test mbA 2a–2b
Kopiervorlagen: KV36–KV70, Blanko: KV71–KV80
Lernsoftware Interaktive Übungen: Zahlen und Operationen: Addition und Subtraktion bis 1000; Raum und Form: Flächen und Muster

s = sicher; **ü** = überwiegend sicher; **t** = teilweise; **n** = noch nicht

★ Förderhinweise
☆ **F**örderhinweise bzw. **F**ördermaterial*

kann	s	ü	t	n	Förderhinweise bzw. Fördermaterial*	LKV/KV
Test 2a: Plus- und Minusaufgaben mit Hundertern lösen						
❶ zu Bildern passende Plus- bzw. Minusaufgaben schreiben und diese lösen					★ die dargestellten Aufgaben mit den vorgegebenen Materialien nachlegen ★ ggf. andere Materialien zum Nachlegen der Aufgaben verwenden ★ Lernsoftware: „Addieren und subtrahieren mit Hunderterzahlen" ☆ Aufgaben in höheren Zahlenräumen legen	LKV13, LKV14
❷ Rechenbilder zu Plus- und Minusaufgaben zeichnen und dann lösen					★ die Zahlen mit realem Material legen und dann zeichnen und lösen ☆ 3-teilige Aufgaben zeichnen und lösen ☆ Aufgaben in höheren Zahlenräumen zeichnen und lösen	LKV13, LKV14
❸ Plus- und Minusaufgaben lösen, Hunderterzahlen addieren und subtrahieren					★ die Aufgaben mit einem selbst gewählten Material legen und dann lösen ☆ 2 Schüler stellen sich gegenseitig Aufgaben und lösen sie dann. Bei Schwierigkeiten (z.B. zu hoher Zahlenraum, zu komplexe Aufgabe…) können die Aufgaben auch mit Material gelegt werden. ☆ VM TH2 S. 7; LM TH2 S. 6	KV36, KV37
Test 2b: Rechenschritte bei Plusaufgaben mit Hundertern und Zehnern darstellen						
❶ zu verschiedenen Rechenbildern passende Plusaufgaben bilden und dann lösen					★ die Rechenbilder am stärker unterteilten Zahlenstrich darstellen oder an einem Zahlenstrahl die „Sprünge" wirklich abzählen und die Bögen in verschiedenen Farben einfärben ★ die Aufgabe mit anderen Materialien nachlegen und über die Rechenschritte austauschen ☆ in höherem Zahlraum arbeiten ☆ einem anderen Kind die Operation am Rechenstrich aus dem Gedächtnis genau beschreiben	LKV15, LKV18, LKV19 KV38, KV41, KV43*, KV44, KV46

Test 2c: Rechenschritte bei Minusaufgaben mit Hundertern und Zehnern darstellen

❶ zu verschiedenen Rechenbildern passende Minusaufgaben bilden und dann lösen

- ★ die Rechenbilder am stärker unterteilten Zahlenstrich darstellen oder an einem Zahlenstrahl die „Sprünge" wirklich abzählen und die Bögen in verschiedenen Farben einfärben
- ★ die Aufgabe mit anderen Materialien nachlegen und über die Rechenschritte austauschen
- ★ Lernsoftware: „Addieren und subtrahieren – 2 Rechenschritte"
- ☆ in höherem Zahlraum arbeiten
- ☆ einem anderen Kind die Operation am Rechenstrich aus dem Gedächtnis genau beschreiben

LKV16
KV39, KV42*,
KV44

❷ Minusaufgaben in selbst gewählten Rechenbildern darstellen

- ★ die Aufgabe zuerst mit dem selbst gewählten Material lösen, dann die Lösung schemaartig abzeichnen
- ☆ eine eigene (neue) Darstellungsform ausdenken und sich dann mit einem Mitschüler über die Vor- und Nachteile austauschen
- ☆ VM TH2 S. 11, 19, 27; LM TH2 S. 19

LKV21, LKV22
KV48

Test 2d: Plusaufgaben mit Hundertern, Zehnern und Einern in drei Schritten lösen

❶ den eigenen Rechenweg bei Plusaufgaben darstellen und die Aufgabe lösen

- ★ einen eigenen Rechenweg aussuchen und diesen zuerst mit Material legen
- ★ mit dem Partner einen Rechenweg aussuchen und wechselseitig die Rechenschritte vollziehen (der Partner darf nicht vorsagen!)
- ☆ einen anderen Rechenweg auswählen, der nicht vorgeschlagen ist

LKV24
KV56, KV57,
KV71, KV72,
KV75, KV76,
KV79, KV80

❷ eigene Rechenschritte bei Plusaufgaben darstellen und die Aufgabe lösen

- ★ die Aufgabe erst mit Material lösen, dann die Lösung zeichnen
- ★ Lernsoftware: „Aufgabenfolgen Addition"
- ☆ dem Partner den eigenen Rechenweg aus dem Kopf diktieren und sich dann über Vor- und Nachteile austauschen
- ☆ VM TH2 S. 31, 33; LM TH2 S. 22

LKV24
KV56, KV57

Test 2e: Minusaufgaben mit Hundertern, Zehnern und Einern in drei Schritten lösen

❶ den eigenen Rechenweg bei Minusaufgaben darstellen und die Aufgabe lösen

- ★ einen eigenen Rechenweg aussuchen und diesen zuerst mit Material legen
- ★ mit dem Partner einen Rechenweg aussuchen und wechselseitig die Rechenschritte vollziehen (der Partner darf nicht vorsagen!)
- ☆ einen anderen Rechenweg auswählen, der nicht vorgeschlagen ist

LKV25
KV60, KV61,
KV63*, KV73,
KV74, KV77,
KV78–80

kann	s	ü	t	n	★ Förderhinweise ☆ Förderhinweise bzw. **F**ordermaterial*	LKV/KV
❷ eigene Rechenschritte bei Minusaufgaben darstellen und die Aufgabe lösen					★ die Aufgabe erst mit Material lösen, dann die Lösung zeichnen ★ Lernsoftware: „Addieren und subtrahieren – 3 Rechenschritte" ★ Lernsoftware: „Aufgabenfolgen Subtraktion" ☆ dem Partner den eigenen Rechenweg aus dem Kopf diktieren und sich dann über Vor- und Nachteile austauschen ☆ VM TH2 S. 37, 39; LM TH2 S. 25	LKV25 KV60, KV61
Test 2f: Zahlenrätsel und Sachaufgaben lösen						
❶ Rechenweg und Lösung eines Zahlenrätsels notieren					★ die Fachbegriffe zuerst gemeinsam mit einem Partner „übersetzen" ★ mit einem Partner gemeinsam verschiedene Lösungswege ausprobieren ★ Lernsoftware: „Rechenmauern" ☆ eigene Rechenrätsel schreiben incl. Lösungsvorschlag	LKV27 KV66*
❷ Rechenweg und Antwortsatz von Sachaufgaben notieren					★ relevante Zahlen und Fakten unterstreichen, ggf. gemeinsam mit einem Partner ★ Fachbegriffe bzw. unbekannte Wörter zusammen mit einem Partner „übersetzen" ☆ eigene Sachaufgaben schreiben incl. Lösungsvorschlag ☆ VM TH2 S. 41, 48, 49, 50; LM TH2 S. 29, 32	LKV27 KV51, KV52*, KV53*
Test 2g: Geometrische Grundformen erkennen und zeichnen						
❶ geometrische Formen in einer Zeichnung erkennen und farbig markieren					★ geometrische Formen in einfacheren Figuren erkennen und benennen, dann farbig markieren ★ mit Hilfe eines „Spickzettels" die geometrischen Formen in der Zeichnung wiedererkennen ☆ komplexere Zeichnungen selbst erstellen und den Partner die enthaltenen geometrischen Formen markieren lassen	LKV28 KV67
❷ Figuren nach genauer schriftlicher Vorgabe zeichnen					★ die Vorgabe gemeinsam mit einem Partner „übersetzen" ★ diejenigen Anteile selbst zeichnen, die eindeutig sind, dann mit einem Partner über weitere Lösungsmöglichkeiten austauschen ☆ eigene Vorgaben formulieren incl. Lösungsvorschlag	KV67
❸ Figuren nach genauer schriftlicher Vorgabe zeichnen					★ die Vorgabe gemeinsam mit einem Partner „übersetzen" ★ diejenigen Anteile selbst zeichnen, die eindeutig sind, dann mit einem Partner über weitere Lösungsmöglichkeiten austauschen ☆ eigene Vorgaben formulieren incl. Lösungsvorschlag	KV67

Test 2h: Flächeninhalte bestimmen und Figuren mit vorgegebenem Flächeninhalt zeichnen			
❶ die Größe von Flächen über die Anzahl von Kästchen bestimmen		★ die Kästchen innerhalb einer Figur farbig markieren und dann mit einem Partner zusammen überlegen, wie teilweise eingefärbte Kästchen zu berechnen sind ☆ kompliziertere Figuren zeichnen und schätzen, wie groß die Fläche sein könnte, dann überprüfen	LKV29
❷ Figuren mit nach Vorgabe verändertem Flächeninhalt zeichnen		★ mit einem Partner zu unterschiedlichen Ergebnissen und Vorgehensweisen austauschen ☆ kompliziertere Figuren zeichnen und dann den Flächeninhalt verdoppeln bzw. halbieren	KV 68
❸ eine Sachaufgabe zum Flächeninhalt lösen		☆ eigene Sachaufgaben incl. Lösung schreiben ☆ VM TH2 S. 57	

Test 3a: Schriftliches Addieren ohne Stellenübergang

1 Übertrage die Geldbeträge in die Stellentafel und berechne das Ergebnis.

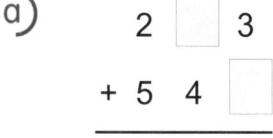

Hunderter	Zehner	Einer
+		

H	Z	E
+		

2 Schreibe jede Aufgabe in eine Stellentafel und berechne die Ergebnisse.

a) 206 + 432 = ☐

H	Z	E
+		

b) 85 + 412 = ☐

H	Z	E
+		

c) 351 + 637 = ☐

H	Z	E
+		

3 Schreibe die Zahlen ohne Stellentafel richtig untereinander und berechne die Ergebnisse.

a) 423 + 365 = ☐

b) 624 + 72 = ☐

c) 571 + 317 = ☐

4 Setze die fehlenden Ziffern ein.

a)
```
  2 ☐ 3
+ 5 4 ☐
-------
  ☐ 8 7
```

b)
```
  8 3 ☐
+ ☐ ☐ 5
-------
  9 8 7
```

c)
```
  ☐ ☐ ☐
+ 2 3 1
-------
  9 7 8
```

Wie kann ich die Aufgabe lösen?
☺ kann ich gut lösen; ☺ kann ich nur zum Teil gut lösen; ☹ kann ich nicht lösen

Test 3b: Schriftliches Addieren mit einem Stellenübergang

1 Berechne die Ergebnisse.

a)
H	Z	E
2	4	8
+ 3	2	7

b)
H	Z	E
2	7	4
+ 3	5	2

c)
H	Z	E
4	2	5
+ 2	4	8

d)
H	Z	E
5	7	2
+ 3	5	6

2 Schreibe die Zahlen richtig untereinander und bestimme die Ergebnisse.

a) 295 + 434   b) 156 + 738   c) 356 + 238   d) 195 + 524

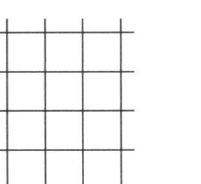 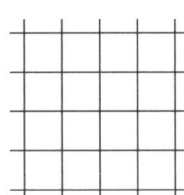 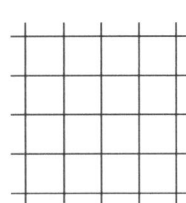 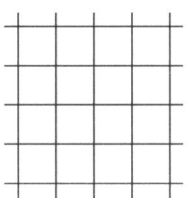

3 Ergänze die fehlenden Ziffern und die fehlenden Überträge.

a)
```
    4 3 □
  + 4 □ 6
  ───────
  □ 2 8
```

b)
```
    5 7 □
  + □ □ 2
  ───────
    7 9 5
```

c)
```
    □ 3 6
  + 4 □ 5
  ───────
    9 8 □
```

d)
```
    4 □ 6
  + □ 7 2
  ───────
    8 3 □
```

4 Setze passende Ziffern ein.
Verwende bei jeder Aufgabe für jedes Kästchen eine andere Ziffer.

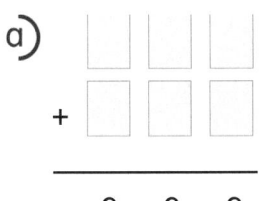 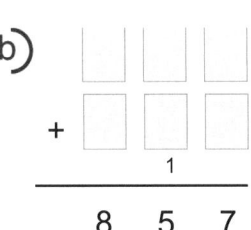 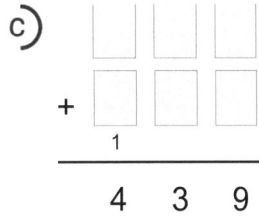 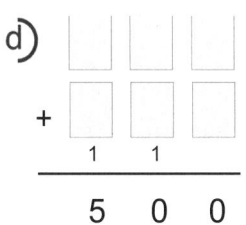

a)
```
  □ □ □
+ □ □ □
───────
  9 9 9
```

b)
```
  □ □ □
+ □ □ □
     1
───────
  8 5 7
```

c)
```
  □ □ □
+ □ □ □
   1
───────
  4 3 9
```

d)
```
  □ □ □
+ □ □ □
  1 1
───────
  5 0 0
```

Wie kann ich die Aufgabe lösen?
☺ kann ich gut lösen; ☺ kann ich nur zum Teil gut lösen; ☹ kann ich nicht lösen

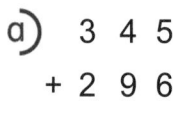

Test 3c: Schriftliches Addieren mit zwei Stellenübergängen

1 Berechne die Ergebnisse.

a)
```
  3 4 5
+ 2 9 6
———————
```

b)
```
  4 8 7
+ 3 5 6
———————
```

c)
```
  1 7 6
+ 4 8 5
———————
```

d)
```
  2 9 4
+ 3 2 6
———————
```

e)
```
  1 7 8
+   3 6
+ 2 0 5
———————
```

f)
```
  4 8 7
+ 2 0 6
+ 1 7 5
———————
```

g)
```
  4 8 4
+ 1 9 5
+   6 8
+ 1 2 4
———————
```

h)
```
  1 5 7
+   3 6
+ 5 2 1
+ 1 4 3
———————
```

2 Löse die Zahlenrätsel.

a) Die gesuchte Zahl erhältst du, wenn du die Summe aus 278 und 365 bildest.

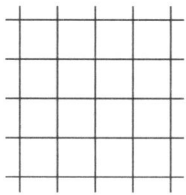

Die gesuchte Zahl heißt ☐ .

b) Wenn du zu der gesuchten Zahl 247 addierst, erhältst du 523.

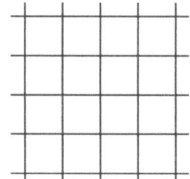

Die gesuchte Zahl heißt ☐ .

c) Wenn du zu der Zahl 436 die Zahlen 245 und 178 addierst, erhältst du die gesuchte Zahl.

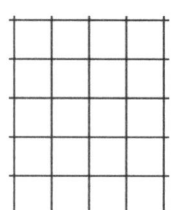

Die gesuchte Zahl heißt ☐ .

Wie kann ich die Aufgabe lösen?
☺ kann ich gut lösen; ☺ kann ich nur zum Teil gut lösen; ☹ kann ich nicht lösen

Test 3d: Sachaufgaben lösen

1 Schreibe Rechnung und Antwortsatz auf.
Einige Kinder der Klasse 3a sammeln Briefmarken.

☺
😐
☹

a) Tim hat 185 Briefmarken und Lea hat 357 Briefmarken gesammelt.
Wie viele Briefmarken haben sie zusammen?

Rechnung:

Antwortsatz: _____

_____

b) Ole hat 246 Briefmarken gesammelt. Anne hat 157 mehr.
Wie viele Briefmarken hat Anne?

Rechnung:

Antwortsatz: _____

_____

c) Paul und Maja haben zusammen 316 Briefmarken. Paul hat 185.
Wie viele Briefmarken hat Maja?

Rechnung:

Antwortsatz: _____

_____

2 Am Wochenende waren die Zirkusvorstellungen gut besucht.
Du kannst die Zuschauerzahlen in der Tabelle ablesen.

☺
😐
☹

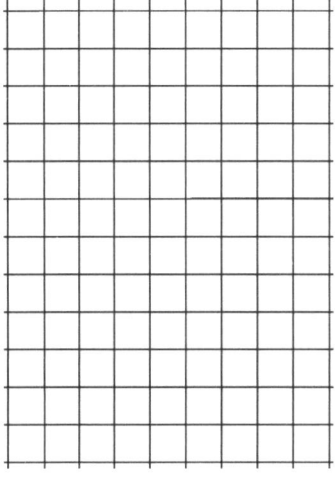

	Fr.	Sa.	So.
Erwachsene	258	374	315
Kinder	189	268	307

a) Vervollständige folgende Aussagen:

Am Freitag kamen insgesamt _____ Zuschauer.

Am Samstag und Sonntag besuchten insgesamt

_____ Kinder die Vorstellung.

b) Schreibe selbst eine weitere Aussage auf, die du mit
Hilfe der Angaben in der Tabelle berechnen kannst.

_____

_____

Wie kann ich die Aufgabe lösen?
☺ kann ich gut lösen; 😐 kann ich nur zum Teil gut lösen; ☹ kann ich nicht lösen

Test 3e: Uhrzeiten ablesen und einzeichnen

1 Lies die angegebenen Uhrzeiten ab. Schreibe beide Uhrzeiten auf.

 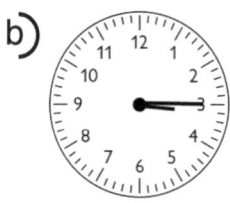  

a) _____ Uhr b) _____ Uhr c) _____ Uhr d) _____ Uhr

_____ Uhr _____ Uhr _____ Uhr _____ Uhr

2 Schreibe die zur Tageszeit passende Uhrzeit auf.

a) Nachmittag b) Morgen c) Nacht d) Vormittag

_____ Uhr _____ Uhr _____ Uhr _____ Uhr

3 Schreibe jeweils beide Uhrzeiten auf die Sekunde genau auf.

  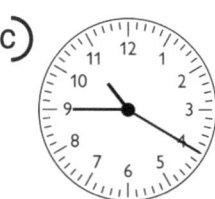

a) _____ b) _____ c) _____

4 Zeichne die zu den angegebenen Uhrzeiten passenden Zeigerstellungen ein.

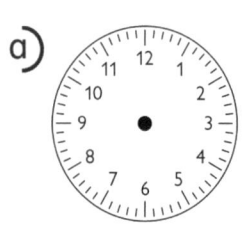 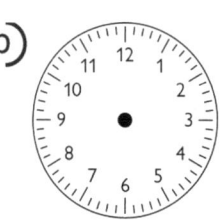 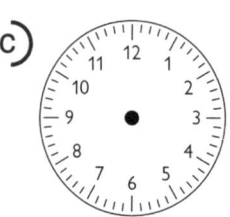 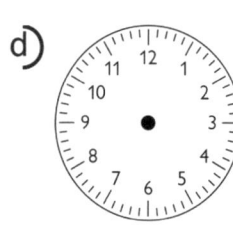

a) halb neun b) fünf vor zwölf c) Viertel vor zehn d) zwanzig nach drei

Wie kann ich die Aufgabe lösen?
☺ kann ich gut lösen; ☺ kann ich nur zum Teil gut lösen; ☹ kann ich nicht lösen

Test 3f: Zeitangaben in benachbarte Zeiteinheiten umwandeln

1 Wandle um.

a) Schreibe in Minuten:

1 h 10 min = ____ min   2 h 15 min = ____ min

2 h 45 min = ____ min   3 h 20 min = ____ min

b) Schreibe in Stunden und Minuten:

80 min = ____ h ____ min   135 min = ____ h ____ min

185 min = ____ h ____ min   250 min = ____ h ____ min

c) Schreibe in Sekunden:

1 min 10 s = ____ s   2 min 18 s = ____ s

3 min 5 s = ____ s   4 min   = ____ s

d) Schreibe in Minuten und Sekunden:

80 s = ____ min ____ s   141 s = ____ min ____ s

100 s = ____ min ____ s   210 s = ____ min ____ s

2 Übertrage die Angabe in die jeweils vorgegebene Zeiteinheit.

a) 2 Jahre = ____ Monate   b) 21 Tage = ____ Wochen

c) 72 Stunden = ____ Tage   d) 7 Wochen = ____ Tage

e) 36 Monate = ____ Jahre   f) 730 Tage = ____ Jahre

3 Unterstreiche, wer auf der Fahrt in den Urlaub am längsten unterwegs war.
Kreise ein, wer am kürzesten unterwegs war.

Tim: 4 Stunden 10 Minuten   Lea: 200 Minuten

Ole: dreieinhalb Stunden   Anne: 260 Minuten

4 Unterstreiche, wer den 400-m-Lauf am schnellsten gelaufen ist.
Kreise ein, wer die meiste Zeit benötigt hat.

Lea: 1 min 5 s   Anne: 54 s   Sofie: 1 min 20 s   Paul: 85 s

5 Wer ist am ältesten (unterstreiche!), wer ist am jüngsten (kreise ein!)?

Tim: 100 Monate   Lea: 9 Jahre 1 Monat   Lisa: 105 Monate

Wie kann ich die Aufgabe lösen?
☺ kann ich gut lösen; ☺ kann ich nur zum Teil gut lösen; ☹ kann ich nicht lösen

Test 3g: Mit Zeitunterschieden rechnen

1 Zeichne die passenden Zeigerstellungen ein.

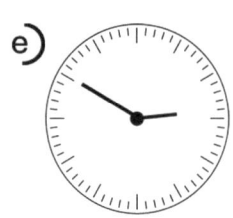

a) 20 min später

b) 30 min früher

c) 3 h später

d) 2 h früher

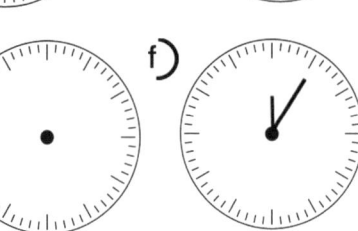

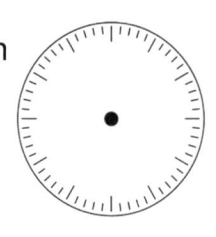

e) 1 h 20 min später

f) 3 h 10 min früher

2 Berechne die Uhrzeiten. Schreibe die Rechnungen als Pfeilbilder.

a) 2 h später _____

b) 30 min früher _____

c) 1 h 10 min früher _____

d) 2 h 20 min später _____

3 Berechne, wie viel Zeit vergangen ist. Schreibe die Rechnungen als Pfeilbilder.

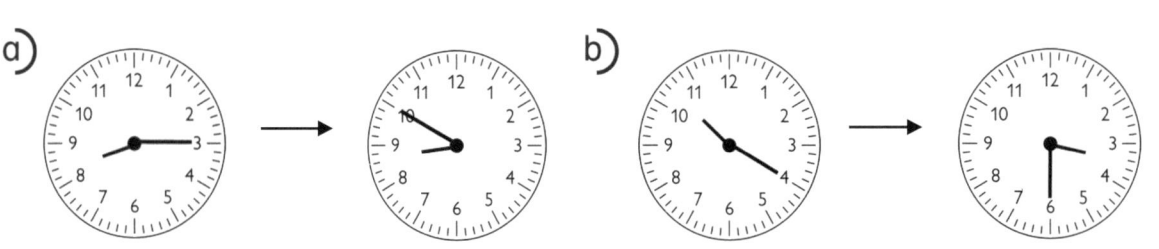

a)

b)

_____   _____

c) 14.35 Uhr ⟶ 20.55 Uhr   **d)** 9.35 Uhr ⟶ 13.12 Uhr

Test 3h: Sachaufgaben zum Thema Zeit lösen

1 Schreibe die Rechnungen als Pfeilbilder und schreibe zu jeder Frage einen Antwortsatz.

☺

😐

☹

a) Anne fährt mit dem Bus zur Schule. Der Bus fährt alle 24 Minuten.
Sie hat den Bus um 7.08 Uhr verpasst.

Wann kommt der nächste Bus?

Rechnung: Antwortsatz: _____

_____

_____   _____

b) Lea hat die Badezeit von höchstens 1 h 30 min voll ausgenutzt.
Sie verlässt das Schwimmbad um 16.20 Uhr.

Um wie viel Uhr hat sie ihre Eintrittskarte gelöst?

Rechnung: Antwortsatz: _____

_____

_____   _____

c) Tim trifft sich um 15.30 Uhr mit seinen Freunden auf dem Sportplatz zum Fußballspielen. Leider muss er um 17.10 Uhr schon wieder nach Hause.

Wie lange hat er Zeit zum Fußballspielen?

Rechnung: Antwortsatz: _____

_____

_____   _____

d) Lea und Tim machen mit ihren Eltern einen Ausflug zum Bodensee.
Sie fahren mit dem Bus zum Bahnhof und dann weiter mit dem Zug.
Sie nehmen den Bus um 8.07 Uhr. Um 8.21 Uhr sind sie am Bahnhof.
Nach 2 h 10 min Fahrt mit dem Zug kommen sie um 10.50 Uhr in Konstanz an.

Wie lange dauert die Reise insgesamt?

Rechnung: Antwortsatz: _____

_____

_____   _____

Wie kann ich die Aufgabe lösen?
☺ kann ich gut lösen; 😐 kann ich nur zum Teil gut lösen; ☹ kann ich nicht lösen

Diagnosebogen zu den Tests zum Themenheft 3 *Schriftliche Addition/Größenbereich Zeit*

HRU: Allgemeine Hinweise, Anregungen für den Unterricht, individuelle Förderung und Arbeit im Plenum s. S. 151–156;
Kompetenzraster: Kom Ü1–Ü2; Beobachtungsbogen „Allgemeine mathematische Kompetenzen": BBK; Lehrerkopiervorlagen: LKV 30–45;
Kompetenzbögen: Kom 3a–3d; Beobachtungsbögen: BB 3a–3b; Tests: Test 3a–3b; Tests mit besonderen Anforderungen: Test mbA 3a–3b
Kopiervorlagen: KV81–KV106, Blanko: KV107–KV114
Lernsoftware Interaktive Übungen: Zahlen und Operationen: Schriftliche Addition; Größen und Messen: Zeit; Sachaufgaben – Zeit

s = sicher; **ü** = überwiegend sicher; **t** = teilweise; **n** = noch nicht

kann	s	ü	t	n	★ Förderhinweise ☆ Förderhinweise bzw. Fördermaterial*	LKV/KV
Test 3a: Schriftliches Addieren ohne Stellenübergang						
❶ Geldbeträge in die Stellentafel übertragen und das Ergebnis berechnen					★ die dargestellte Aufgabe mit Spielgeld und weiteren verschiedenen Materialien nachlegen ☆ Aufgabe im höheren Zahlenbereich legen ☆ VM TH3 S. 8; LM TH3 S. 7	LKV30, LKV31 KV81, KV82, KV84
❷ Aufgaben in die Stellentafel schreiben und das Ergebnis berechnen					★ die Zahlen mit realem Material legen und dann zeichnen und lösen ★ die Stellen mit senkrechten Strichen markieren und mit Z, E, H… beschriften ☆ Zahlen mit Null-Stellen korrekt in die Stellentafel eintragen	LKV30, LKV31 KV83, KV107, KV109
❸ Summand und Summand korrekt untereinander notieren und das Ergebnis berechnen					★ die Stellen mit senkrechten Strichen markieren und mit Z, E, H… beschriften ★ Lernsoftware: „Schriftlich addieren – ohne Übertrag" ☆ dreistellige und vierstellige Zahl addieren, ggf. mit Null-Stellen	LKV31 KV83
❹ fehlende Ziffern in schriftlichen Additionen ergänzen					★ die Aufgaben mit einem selbst gewählten Material legen und zuerst durch Probieren bearbeiten, um ein erstes Verständnis für den Größenbereich der fehlenden Ziffern zu gewinnen ☆ selbst Aufgaben ausdenken mit fehlenden Ziffern incl. Lösungen	LKV32, LKV33, LKV35 KV107
Test 3b: Schriftliches Addieren mit einem Stellenübergang						
❶ Ergebnisse berechnen					★ die Aufgaben parallel mit realem Material legen und dann aufschreiben und lösen ★ Lernsoftware: „Schriftlich addieren" ☆ selbst Aufgaben ausdenken incl. Lösungen ☆ VM TH3 S. 15-17; LM TH3 S. 13, 14	LKV35 KV84, KV109
❷ Summand und Summand korrekt untereinander notieren und das Ergebnis berechnen					★ die Stellen mit senkrechten Strichen markieren und mit Z, E, H… beschriften ☆ auch Summanden mit Null-Stellen verwenden und dafür eigene Aufgaben ausdenken incl. Lösung	KV107, KV109

Lernziel	Tipps / Differenzierung	KV
❸ fehlende Ziffern und Überträge in schriftlichen Additionen ergänzen	★ zur besseren Übersicht eine Stellentafel einzeichnen ☆ selbst Aufgaben ausdenken mit mehr fehlenden Ziffern und dann alle möglichen Lösungen dazu notieren	
❹ fehlende Ziffern in schriftlichen Additionen ergänzen	★ zur besseren Übersicht eine Stellentafel einzeichnen ☆ zu einer der/allen Teilaufgaben alle möglichen Lösungen finden und diese systematisch notieren ☆ VM TH3 S. 26, 27; LM TH3 S. 20	
Test 3c: Schriftliches Addieren mit zwei Stellenübergängen		LKV36-39 KV85, KV86, KV87, KV88, KV89*, KV91, KV108, KV110
❶ schriftliche Additionen mit 1 bis 3 Summanden lösen	★ die Aufgaben erst mit Material legen, dann auf dem Papier rechnen ★ zur besseren Übersicht eine Stellentafel einzeichnen ★ Lernsoftware: „Schriftlich addieren – mit „Übertrag"/"Schriftlich addieren mit 3 Summanden" ☆ Additionen mit vier und mehr Summanden erfinden, dann vom Partner kontrollieren lassen ☆ VM TH3 S. 24, 35, 36	
❷ Zahlenrätsel zu schriftlichen Additionsaufgaben lösen	★ zusammen mit einem Partner die Fragestellung „übersetzen", dann gemeinsam rechnen ☆ selbst Zahlenrätsel erfinden incl. Lösungen ☆ VM TH3 S. 12; LM TH3 S. 10	LKV33, LKV34, LKV36, LKV40 KV90*
Test 3d: Sachaufgaben lösen		
❶ Sachaufgaben lösen	★ zusammen mit einem Partner die Fragestellung „übersetzen", dann gemeinsam rechnen ★ die relevanten Details erst verschiedenfarbig unterstreichen, dann zeichnen, dann rechnen ☆ eigene Sachaufgaben erfinden incl. Lösungen	KV92
❷ für die Lösung einer Sachaufgabe Daten aus einer Tabelle ablesen	★ zusammen mit einem Partner die Fragestellung „übersetzen", dann gemeinsam rechnen ★ die relevanten Details erst verschiedenfarbig unterstreichen, dann zeichnen, dann rechnen ☆ eigene Sachaufgaben erfinden incl. Lösungen ☆ VM TH3 S. 33, 34; LM TH3 S. 25	
Test 3e: Uhrzeiten ablesen und einzeichnen		
❶ an Uhren die beiden Uhrzeiten korrekt ablesen	★ die vorgegebene Uhrzeit erst an der eigenen Lernuhr einstellen ★ die Zeiger in den gleichen Farben einfärben, wie bei der eigenen Lernuhr ★ eine 24h-Lernuhr verwenden und entsprechend die Zeiten auch in das AB eintragen ☆ dem Partner aus dem Kopf eine Uhrzeit nur über die Beschreibung der Zeigerstellung nennen, der Partner nennt die Uhrzeit (ohne Sicht auf eine Uhr)	LKV42 KV93, KV94
❷ zur vorgegebenen Tageszeit die passende Uhrzeit ablesen	★ die 24-h-Einteilung zu den Uhren dazuschreiben ☆ dem Partner aus dem Kopf eine Uhrzeit nur über die Beschreibung der Zeigerstellung nennen, der Partner nennt die Uhrzeit (ohne Sicht auf eine Uhr)	LKV42 KV93, KV94

kann	s	ü	t	n	★ Förderhinweise ☆ Förderhinweise bzw. **Fö**rdermaterial*	LKV/KV
❸ Stunden, Minuten und Sekunden an Uhren ablesen					★ die vorgegebene Uhrzeit erst an der eigenen Lernuhr einstellen ★ die Zeiger in den gleichen Farben einfärben, wie bei der eigenen Lernuhr ★ eine 24h-Lernuhr verwenden und entsprechend die Zeiten auch in das AB eintragen ★ dem Partner aus dem Kopf eine Uhrzeit nur über die Beschreibung der Zeigerstellung nennen, der Partner nennt die Uhrzeit (ohne Sicht auf eine Uhr)	LKV43, KV95, KV96, KV97, KV111
❹ Zeigerstellungen zu vorgegebenen Uhrzeiten in Uhren einzeichnen					★ die Aufgabe erst an der eigenen Lernuhr lösen, dann die Zeigerstellungen einzeichnen ☆ Uhrzeiträtsel schreiben, in denen auch Sekunden berücksichtigt werden, incl. Lösung ☆ VM TH3 S. 39; LM TH3 S. 30	LKV43, KV94, KV97, KV98*
Test 3f: Zeitangaben in benachbarte Zeiteinheiten umwandeln						
❶ Zeitdauern in Stunden, Minuten, Sekunden umwandeln					★ an einer Lernuhr die Zeitdauern nachvollziehen und ablesen ★ Lernposter mit den relevanten Umrechnungen erstellen ☆ Sekunden-, Minuten- und Stundenrätsel schreiben incl. Lösungen	KV99, KV100
❷ Zeitdauern in Tage, Wochen, Monate, Jahre umwandeln					★ Uhr, Jahreskalender und weitere Hilfsmittel zur Veranschaulichung benutzen ★ Lernposter mit den relevanten Umrechnungen erstellen ☆ selbst eine Geschichte erfinden, in der eine längere Zeitdauer beschrieben wird ☆ VM TH3 S. 53	KV99
❸ verschiedene Zeitdauern umwandeln und miteinander vergleichen					★ mit einem Partner die Aufgabe „übersetzen" und dann gemeinsam berechnen ☆ Vergleiche mit mehr Kindern erfinden incl. Lösung	KV99
❹ die kürzeste Zeitdauer bestimmen					★ mit einem Partner die Aufgabe „übersetzen" und dann gemeinsam berechnen ☆ Vergleiche mit mehr Kindern erfinden incl. Lösung	KV99
❺ das älteste und das jüngste Kind bei Angabe verschiedener Zeitangaben bestimmen					★ mit einem Partner die Aufgabe „übersetzen" und dann gemeinsam berechnen ☆ für alle Kinder der Klasse ein Klassenrätsel mit dem Alter der Kinder schreiben incl. Lösung	
Test 3g: Mit Zeitunterschieden rechnen						
❶ Veränderungen der Zeigerstellung nach einer bestimmten Zeitdauer einzeichnen					★ Zeiger in den gleichen Farben markieren wie an der eigenen Lernuhr ★ Startzeit an der eigenen Lernuhr einstellen, dann die angegebene Zeitdauer ☆ dem Partner aus dem Kopf eine Start-Uhrzeit nur über die Beschreibung der Zeigerstellung nennen und die Zeitdauer, der Partner nennt die Ziel-Uhrzeit (ohne Sicht auf eine Uhr) ☆ VM TH3 S. 42; LM TH3 S. 32	KV112

❷ Pfeilbilder zur Darstellung von Zeitveränderungen zeichnen			★ die Vorgabe gemeinsam mit einem Partner „übersetzen" ★ die „Startzeit" an der eigenen Lernuhr einstellen, dann die angegebene Zeitdauer, dann das Pfeilbild zeichnen ☆ Aufgaben zu zweiteiligen Zeitveränderungen finden incl. Lösung	LKV44, LKV45 KV101, KV113
❸ Zeitdauern anhand der Veränderung von Zeigerpositionen bestimmen			★ die „Startzeit" und die angegebene Zeitdauer an der eigenen Lernuhr einstellen, dann das Pfeilbild dazu zeichnen ☆ dem Partner eine Aufgabe beschreiben incl. Zeigerstellungen, der Partner bestimmt die Zeigerstellungen incl. der Veränderungen und zeichnet das Pfeilbild dazu	LKV44 KV101, KV102, KV112–KV114
Test 3h: Sachaufgaben zum Thema Zeit lösen				
❶ Rechnungen und Antwortsätze zu verschiedenen Sachaufgaben zum Thema „Zeit" notieren			★ die Aufgabe gemeinsam mit einem Partner „übersetzen", relevante Details farbig unterstreichen, dann gemeinsam die Aufgabe berechnen ☆ selbst Sachaufgaben zum Thema Zeit erfinden incl. Lösungen ☆ VM TH3 S. 47, 55, 58, 60–63; LM TH3 S. 36, 41, 43, 45–47	KV103, KV104*, KV105*

Test 4a: Subtraktionsaufgaben in Stellentafel übertragen
Schriftlich ohne Stellenübergang subtrahieren

1 Übertrage die mit Geldbeträgen dargestellten Minusaufgaben in die Stellentafeln.

a)
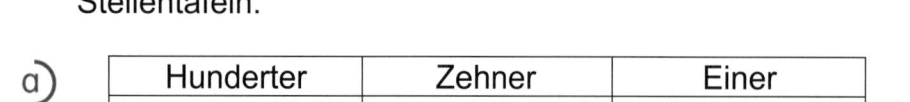

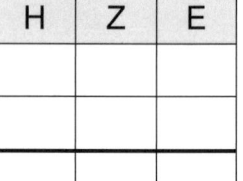

H	Z	E

b)

Hunderter	Zehner	Einer

H	Z	E

2 Berechne die Ergebnisse.

a)
H	Z	E
8	5	9
− 4	3	2

b)
H	Z	E
7	6	5
− 3	5	1

c)
H	Z	E
6	7	8
− 2	4	6

3 Schreibe die Aufgaben in die Stellentafeln und berechne die Ergebnisse.

a) 674 − 251 = [   ]

H	Z	E
−		

b) 865 − 342 = [   ]

H	Z	E
−		

c) 935 − 613 = [   ]

H	Z	E
−		

4 Schreibe die Zahlen richtig untereinander und bestimme die Ergebnisse.

a) 587 − 364 = [   ]

b) 464 − 32 = [   ]

c) 669 − 357 = [   ]

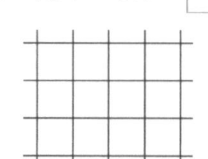

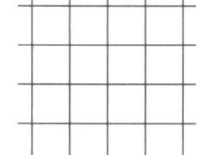
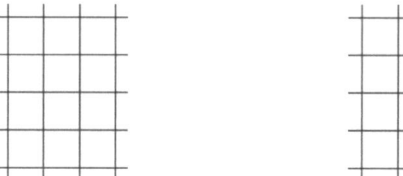

Wie kann ich die Aufgabe lösen?
☺ kann ich gut lösen; ☺ kann ich nur zum Teil gut lösen; ☹ kann ich nicht lösen

Test 4b: Hunderter und Zehner tauschen

462 € – 347 € = | 115 | €   425 € – 261 € = | 164 | €

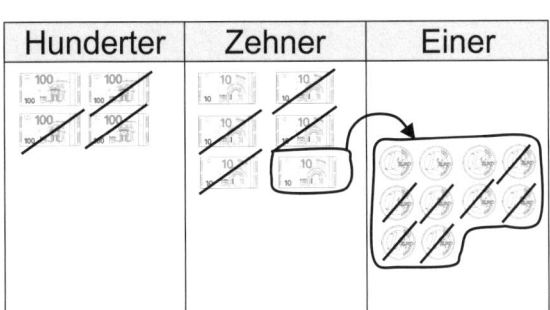

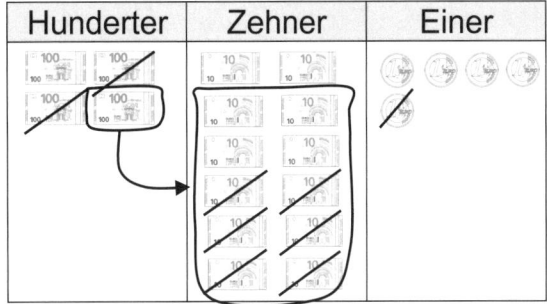

1 Subtrahiere die Geldbeträge.

Tausche die Hunderter und Zehner wie in den Beispielaufgaben oben.

a) 425 € – 317 € = ☐ €   **b)** 627 € – 453 € = ☐ €

Hunderter	Zehner	Einer

Hunderter	Zehner	Einer

2 Tausche die Hunderter und Zehner und berechne die Ergebnisse.

a) 423 € – 158 € = ☐ €   **b)** 535 € – 268 € = ☐ €

Hunderter	Zehner	Einer

Hunderter	Zehner	Einer

Wie kann ich die Aufgabe lösen?
☺ kann ich gut lösen; ☺ kann ich nur zum Teil gut lösen; ☹ kann ich nicht lösen

Test 4c: Schriftlich subtrahieren mit einem Stellenübergang

❶ Berechne die Ergebnisse.

a)
H	Z	E
3	6	2
− 2	4	8

b)
H	Z	E
6	9	2
− 2	5	7

c)
H	Z	E
9	5	3
− 6	8	1

❷ Schreibe die Zahlen richtig untereinander und bestimme die Ergebnisse.

a) 647 − 218 = ☐

b) 789 − 393 = ☐

c) 681 − 355 = ☐

❸ Setze die fehlenden Ziffern ein.

a)
```
  ☐ 7 ☐
− 6 ☐ 2
───────
  2 9 3
```

b)
```
  4 3 ☐
− 2 ☐ 3
───────
☐ 8 3
```

c)
```
  4 ☐ 5
− ☐ 1 7
───────
  2 1 ☐
```

❹ Finde selbst die Aufgaben und berechne die Ergebnisse.

a) Die gesuchte Zahl ist der Unterschied der Zahlen 249 und 635.

b) Meine Zahl erhältst du, wenn du von 999 zweimal 324 abziehst.

Die gesuchte Zahl ist ☐.

Die gesuchte Zahl ist ☐.

Test 4d: Schriftlich subtrahieren mit zwei Stellenübergängen

1 Berechne die Ergebnisse.

a)   5 2 4   b)   7 4 2   c)   3 0 5   d)   8 0 4
   – 3 5 7   – 5 7 6   – 1 7 8   – 5 7 6
   ─────   ─────   ─────   ─────

2 Berechne die Ergebnisse.
   Überprüfe jedes Ergebnis mit der Umkehraufgabe (Probeaufgabe).

a)   6 3 8   b)   7 0 2   c)   8 2 1
   – 2 5 9   – 4 5 8   – 5 7 4
   ─────   ─────   ─────

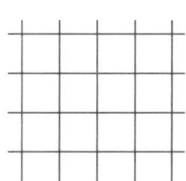   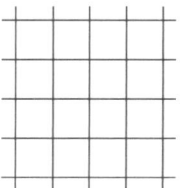

3 Berechne die Ergebnisse.
   Überprüfe jedes Ergebnis mit einer Überschlagsrechnung.

a)   9 0 6   b)   7 2 1   c)   4 3 6
   – 3 9 8   – 3 9 7   – 2 5 7
   ─────   ─────   ─────

   Überschlag: Überschlag: Überschlag:

   _____   _____   _____

4 Berechne die Ergebnisse der Additionsaufgaben.
   Überprüfe jedes Ergebnis mit der Umkehraufgabe (Probeaufgabe).

a)   2 5 6   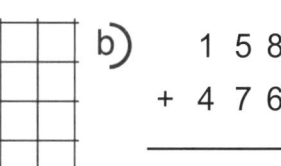   b)   1 5 8   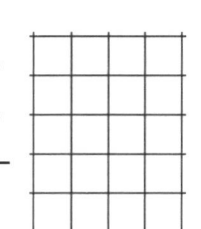   c)   3 5 6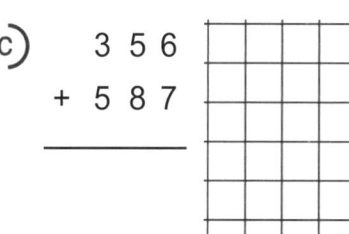
   + 3 6 8   + 4 7 6   + 5 8 7
   ─────   ─────   ─────

Wie kann ich die Aufgabe lösen?
☺ kann ich gut lösen; ☺ kann ich nur zum Teil gut lösen; ☹ kann ich nicht lösen

Test 4e: Sachaufgaben lösen

1 Schreibe zu jeder Aufgabe die passende Rechnung und Antwort auf.

a) In die Mörikeschule gehen insgesamt 396 Kinder. Davon sind 178 Mädchen.
Wie viele Jungen gehen dort zur Schule?

Rechnung: 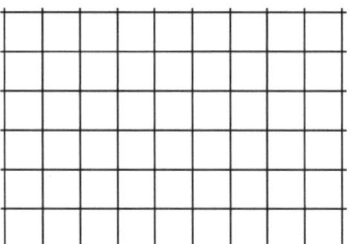   Antwortsatz: _____

_____

b) Im Hallenbad wurden am Sonntag 207 Eintrittskarten verkauft.
Das sind 89 mehr als am Samstag.

Wie viele Eintrittskarten wurden am Samstag verkauft?

Rechnung: 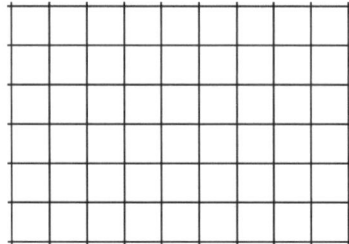   Antwortsatz: _____

_____

2 Die Bücherei fertigte folgende Übersicht zu den während der Sommerferien
ausgeliehenen Büchern an.

Sachbücher	123
Krimis	89
Romane	201
Kinderbücher	64

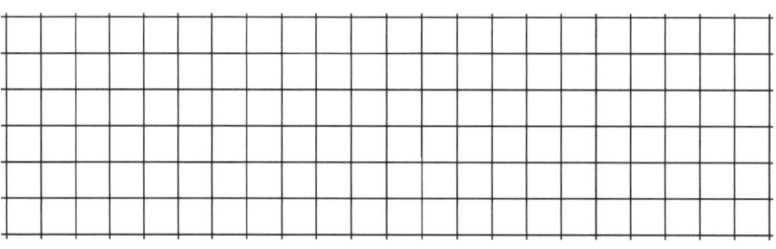

Vergleiche die Angaben zu den verschiedenen Büchern.

Schreibe zwei Vergleiche mit „… mehr als …" und zwei Vergleiche mit „…weniger
als …" mit genauen Zahlenangaben auf. Berechne dazu jeweils die Unterschiede.

_____

_____

_____

_____

Wie kann ich die Aufgabe lösen?
☺ kann ich gut lösen; ☺ kann ich nur zum Teil gut lösen; ☹ kann ich nicht lösen

Test 4f: Geldbeträge ermitteln und darstellen

 Ermittle die dargestellten Geldbeträge.

a)

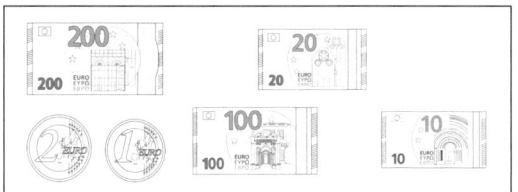

_____

b)

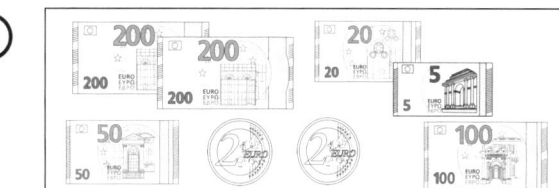

_____

c)

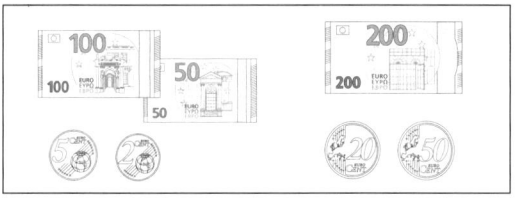

_____

d)

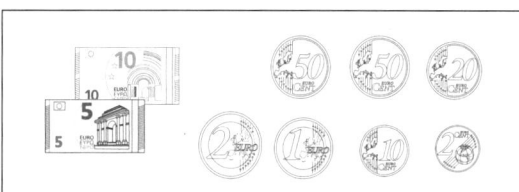

_____

 😊 😐 ☹️

② Zeichne jeweils auf zwei unterschiedliche Arten, wie du die Beträge bezahlen kannst.

 😊 😐 ☹️

a) 234 € 27 ct

b) 517 € 55 ct

❸ Schreibe die Beträge in Kommaschreibweise.

 😊 😐 ☹️

a)   225 ct = _____

b)   17 € 95 ct = _____

c) 10 € 20 ct = _____

d) 120 € 5 ct = _____

e)   305 ct = _____

f)   50 ct = _____

Wie kann ich die Aufgabe lösen?
☺ kann ich gut lösen; 😐 kann ich nur zum Teil gut lösen; ☹ kann ich nicht lösen

Test 4g: Rechengeschichten lösen

1 Schreibe jeweils die passende Rechnung und den Antwortsatz auf.

☺ ☺ ☹

a) Ole bekommt eine neue Winterjacke. Sie kostet 89,90 €. Seine Mutter bezahlt mit einem 100-€-Schein. Wie viel bekommt sie zurück?

Rechnung: _____

Antwortsatz: _____

b) Tim wünscht sich ein Mountainbike für 515,95 €. 344 € hat er schon gespart. Wie viel Geld fehlt ihm noch?

Rechnung: _____

Antwortsatz: _____

c) Lea bezahlt im Schreibwarengeschäft mit einem 20-€-Schein und bekommt 3,45 € zurück. Wie viel musste sie für die Schulsachen bezahlen?

Rechnung: _____

Antwortsatz: _____

2

Speisekarte
zum Ochsen

Mineralwasser	1,80 €
Limonade	1,90 €
Schnitzel mit Pommes	8,80 €
Rinderfilet	12,80 €
Gulaschsuppe	4,90 €
Spaghetti mit Tomatensoße	6,50 €
Omelette	4,80 €

Familie Müller macht auf der Fahrt in den Urlaub im Restaurant zum Ochsen Pause. Die beiden Kinder essen Schnitzel mit Pommes, Mama isst eine Gulaschsuppe und Papa ein Rinderfilet. Die Kinder trinken Limonade und die Eltern Mineralwasser.

☺ ☺ ☹

Wie viel müssen sie bezahlen?

Antwortsatz: _____

_____

Wie viel bekommt Herr Müller zurück, wenn er mit einem 50-€-Schein bezahlt?

Antwortsatz: _____

_____

Wie kann ich die Aufgabe lösen?
☺ kann ich gut lösen; ☺ kann ich nur zum Teil gut lösen; ☹ kann ich nicht lösen

Test 4h: Wichtige Informationen in Rechengeschichten erkennen

1 Unterstreiche in den Rechengeschichten zunächst die Informationen, die für die Lösung der Aufgabe wichtig sind. Schreibe dann die passenden Rechnungen und Antworten auf.

a) Ole fährt mit seinen Eltern in den Sommerferien an die Ostsee. Sie mieten dort für zwei Wochen eine Ferienwohnung. Dafür müssen sie 370 € Miete pro Woche bezahlen. Sie fahren morgens um 7.00 Uhr los. Die Fahrt dauert ohne Pause 6 Stunden und 10 Minuten. Für Strom und Endreinigung müssen sie 115 € bezahlen.

Wie viel kostet die Ferienwohnung insgesamt?

Rechnung: Antwortsatz: _____

_____

b) Tims Eltern wollen ein Zelt kaufen. Sie schauen sich in mehreren Geschäften um. Es soll zwei Innenzelte und einen überdachten Eingang haben. Das günstigste Angebot fanden sie in einem Sportgeschäft. Dort kostet ein solches Zelt im Angebot 385 €. In einem Katalog findet der Vater das gleiche Zelt um 90 € billiger. Auf dem Campingplatz müssen sie pro Nacht 11 € bezahlen.

Wie teuer ist das Zelt im Katalog?
Rechnung: Antwortsatz: _____

_____

Wie kann ich die Aufgabe lösen?
☺ kann ich gut lösen; 😐 kann ich nur zum Teil gut lösen; ☹ kann ich nicht lösen

Diagnosebogen zu den Tests zum Themenheft 4 *Schriftliche Subtraktion/Größenbereich Geld*

HRU: Allgemeine Hinweise, Anregungen für den Unterricht, individuelle Förderung und Arbeit im Plenum s. S. 188–195;
Kompetenzraster: Kom Ü1–Ü2; Beobachtungsbogen „Allgemeine mathematische Kompetenzen": BBK; Lehrerkopiervorlagen: LKV 46–57;
Kompetenzbögen: Kom 4a–4c; Beobachtungsbögen: BB 4a–4b; Tests: Test 4a–4b; Tests mit besonderen Anforderungen: Test mbA 4a–4b
Kopiervorlagen: KV115–KV137, Blanko: KV138–140
Lernsoftware Interaktive Übungen: Zahlen und Operationen: Schriftliche Subtraktion; Größen und Messen: Geld / Sachaufgaben – Geld

s = sicher; **ü** = überwiegend sicher; **t** = teilweise; **n** = noch nicht

kann	s	ü	t	n	★ Förderhinweise ☆ Förderhinweise bzw. F**o**rdermaterial*	LKV/KV
Test 4a: Subtraktionsaufgaben in Stellentafel übertragen / Schriftlich ohne Stellenübergang subtrahieren						
❶ Geldbeträge in die Stellentafel übertragen und das Ergebnis berechnen					★ Aufgaben mit E und Z mit Spielgeld legen und dann in die Stellentafel übertragen ★ die dargestellte Aufgabe mit Spielgeld und weiteren verschiedenen Materialien nachlegen, dann in die Stellentafel übertragen ☆ Subtraktionsaufgaben mit E, Z, H, T mit Spielgeld in der Stellentafel legen und berechnen	LKV 47 KV115, KV116
❷ Aufgaben in der Stellentafel berechnen					★ die Aufgaben erst mit Material legen, dann zeichnen und lösen ★ Aufgaben mit E und Z in der Stellentafel lösen, dann mit E, Z, H ★ Lernsoftware: „Schriftlich subtrahieren – ohne Übertrag" ☆ Subtraktionsaufgaben mit E, Z, H, T in der Stellentafel berechnen, ggf. Zahlraum noch vergrößern ☆ selbst gewählte Aufgaben legen und berechnen	LKV47 KV116, KV140
❸ Minuend und Subtrahend in der Stellentafel korrekt untereinander notieren und das Ergebnis berechnen					★ gemeinsam darüber austauschen, welche Zahl der Minuend und welche Zahl der Subtrahend ist, dann entsprechend in die Stellentafel eintragen ★ die Stellen von Minuend und Subtrahend erst mit senkrechten Strichen markieren und mit Z, E, H… beschriften, dann in die Stellentafel eintragen ☆ selbst gewählte Aufgaben korrekt eintragen und berechnen	LKV47 KV117, KV118, KV140
❹ Minuend und Subtrahend korrekt untereinander notieren und das Ergebnis berechnen					★ gemeinsam darüber austauschen, welche Zahl der Minuend und welche Zahl der Subtrahend ist, dann entsprechend in die Stellentafel eintragen ★ die Stellen von Minuend und Subtrahend erst mit senkrechten Strichen markieren und mit Z, E, H beschriften, dann in die Stellentafel eintragen ☆ selbst gewählte Aufgaben korrekt eintragen und berechnen	LKV47 KV117, KV118

	Beschreibung	KV
Test 4b: Hunderter und Zehner tauschen		
❶ Zehner bzw. Hunderter tauschen und das Ergebnis berechnen	★ die Aufgaben parallel mit Rechengeld in der Stellentafel legen ★ die Aufgaben erst nur mit zweistelligen Zahlen legen, dann auf dreistellige Zahlen erweitern ☆ Aufgaben mit vierstelligen Zahlen legen, ggf. eigene Aufgaben ausdenken und legen ☆ die Aufgaben ohne Sicht auf das Material im Kopf „legen" und dem Partner beschreiben, was er tun muss, um die Aufgabe zu lösen	KV119, KV138, KV139
❷ Hunderter und Zehner tauschen und das Ergebnis berechnen	★ die Aufgaben parallel mit Rechengeld in der Stellentafel legen ★ mit einem Partner gemeinsam einfache Subtraktionsaufgaben ausdenken und in der Stellentafel legen ☆ Aufgaben mit vierstelligen Zahlen legen, ggf. eigene Aufgaben ausdenken und legen ☆ die Aufgaben ohne Sicht auf das Material im Kopf „legen" und dem Partner die Schritte beschreiben, die er vollziehen muss, um die Aufgabe zu lösen ☆ VM TH4 S. 15, 22; LM TH4 S. 11	KV119, KV138, KV139
Test 4c: Schriftlich subtrahieren mit einem Stellenübergang		
❶ Subtraktionsaufgabe in der Stellentafel lösen	★ die Aufgaben erst mit Material legen, dann auf dem Papier rechnen ★ gemeinsam mit einem Partner beide Subtraktionsverfahren durchführen und über Vor- und Nachteile austauschen, dann das Lieblingsverfahren auch bei den anderen Aufgaben anwenden und jeweils dem Partner den Rechenweg laut erklären ☆ gemeinsam mit einem Partner überlegen, wie groß die einzelnen Stellen bei Minuend und Subtrahend sein müssen, damit nur Aufgaben mit einstelligem Stellenübergang entstehen, dann 5–10 Aufgaben mit 1 Stellenübergang notieren incl. Lösung	LKV48 KV120, KV139, KV140
❷ Subtraktionsaufgabe korrekt notieren und lösen	★ gemeinsam darüber austauschen, welche Zahl der Minuend und welche Zahl der Subtrahend ist, dann entsprechend untereinander notieren (ggf. vorher eine Stellentafel einzeichnen) ★ die Stellen von Minuend und Subtrahend erst mit senkrechten Strichen markieren und mit Z, E, H beschriften	LKV47 KV140
❸ Subtraktionsaufgabe mit fehlenden Ziffern lösen	★ gemeinsam mit einem Partner beraten, wie man die Aufgabe lösen kann ★ gemeinsam die Aufgabe mit Material nachlegen und dabei den Zusammenhang Aufgabe – Umkehraufgabe wiederholen ☆ Aufgaben im höheren Zahlenbereich lösen ☆ selbst Aufgaben mit fehlenden Ziffern mit nur einem Stellenübergang notieren incl. Lösung	LKV48, LKV49 KV120
❹ Zahlenrätsel zur Subtraktion lösen	★ zusammen mit einem Partner die Fragestellung „übersetzen", dann gemeinsam rechnen ★ eigene einfache Zahlenrätsel notieren incl. Lösung ☆ komplexere Zahlenrätsel notieren, die aber als Bedingung nur einen Stellenübergang haben, dann ggf. Zahlenrätsel mit zwei oder mehr Stellenübergängen notieren	LKV48

kann	s	ü	t	n	★ Förderhinweise ☆ **F**örderhinweise bzw. **F**ördermaterial*	LKV/KV
Test 4d: Schriftlich subtrahieren mit zwei Stellenübergängen						
❶ Subtraktionsaufgabe lösen					★ die Aufgabe parallel mit Material (z.B. Rechengeld) in einer Stellentafel legen und eine Stellentafel in die Aufgabe einzeichnen ★ beide Subtraktionsverfahren nacheinander mit einem Partner ausprobieren, Vor- und Nachteile gemeinsam besprechen und sich dann für ein Verfahren entscheiden ★ Lernsoftware: „Schriftlich subtrahieren – abziehen (stellengerecht notieren)", „Schriftlich subtrahieren – abziehen", „Schriftlich subtrahieren – ergänzen (stellengerecht notieren)", „Schriftlich subtrahieren – ergänzen" ☆ selbst Aufgaben mit drei Stellenübergängen als Bedingung notieren incl. Lösung ☆ VM TH4 S. 29, 30, 32; LM TH4 S. 20, 22	LKV49, LKV50 KV121, KV122, KV 124*–126*, KV139, KV140
❷ Subtraktionsaufgabe lösen und das Ergebnis mit der Probe (Umkehraufgabe) überprüfen					★ gemeinsam mit einem Partner darüber austauschen, wie man eine Aufgabe mit der Umkehraufgabe (Probeaufgabe) überprüft ★ die Subtraktionsaufgabe und zugehörige Umkehraufgabe parallel mit Material legen ★ erst zweistellige Aufgaben rechnen und überprüfen, dann dreistellige Aufgaben ☆ Ergebnisse zu 2 verschiedenen Subtraktionsaufgaben mit 2 oder 3 Stellenübergängen finden, deren Ergebnisse um z. B. 111 voneinander abweichen	LKV50
❸ Subtraktionsaufgabe lösen und das Ergebnis mit einer Überschlagsrechnung prüfen					★ gemeinsam mit einem Partner vorab zu jeder Aufgabe einen Überschlag durchführen und im Heft notieren, dann die Aufgaben rechnen ☆ die Schritte der schriftlichen Subtraktion im Kopf vollziehen (ohne die Rechenschritte selbst zu notieren) und einem Partner diktieren incl. Lösung	LKV52 KV127
❹ Additionsaufgaben mithilfe der Umkehraufgabe (Probeaufgabe) überprüfen					★ die Additionsaufgabe mit Material legen und in die Subtraktionsaufgabe überführen, dann die Subtraktionsaufgabe legen und in die Additionsaufgabe überführen ★ gemeinsam mit dem Partner besprechen, wie die Umkehraufgabe gebildet wird (Minuend vs. Subtrahend) ☆ 3–5 Additionsaufgaben finden, deren Umkehraufgabe drei Stellenübergänge hat ☆ VM TH4 S. 35	LKV52 KV128
Test 4e: Sachaufgaben lösen						
❶ Rechnung und Antwort zu Sachaufgaben notieren					★ zusammen mit einem Partner die Fragestellung „übersetzen", wichtige Informationen farbig unterstreichen, dann gemeinsam rechnen ☆ eigene Sachaufgaben rund um das Thema „Zoo" schreiben incl. Recherche aktueller Preise und incl. Lösung	KV129

Aufgabe	Hinweise	KV
❷ Informationen zu einer Sachaufgabe aus einer Tabelle entnehmen und Vergleiche formulieren	★ zusammen mit einem Partner die Fragestellung „übersetzen", wichtige Informationen farbig unterstreichen, dann gemeinsam rechnen ☆ eigene Sachaufgaben schreiben, bei denen die Vergleiche „mehr als"/„weniger als" und „größer als"/„kleiner als" angestellt werden können ☆ VM TH4 S. 38, 40; LM TH4 S. 27	LKV53
Test 4f: Geldbeträge ermitteln und darstellen		
❶ Geldbeträge, die als Zeichnung dargestellt sind, ermitteln	★ Geldbeträge bis 1000€, die mit Spielgeld gelegt sind, bestimmen; zuerst nur Euro-Beträge, dann Euro- und Cent-Beträge ★ Geldbeträge bis 1000€ in Abbildungen von Scheinen und Münzen bestimmen; erst Euro-Beträge, dann Euro- und Cent-Beträge ★ Lernsoftware: „Geldbeträge notieren" ☆ in Partnerarbeit Geldbeträge mit Euro und Cent bestimmen und in Kommaschreibweise notieren	
❷ Geldbeträge auf verschiedene Weise zeichnerisch darstellen	★ gleiche Geldbeträge in mehreren verschiedenen Kombinationen legen, dann zeichnen ★ den Geldbetrag xx €, xx ct in möglichst vielen verschiedenen Kombinationen zeichnen ☆ denjenigen Geldbetrag herausfinden, der die meisten Kombinationen ermöglicht ☆ VM TH4 S. 42	KV130*, KV131
❸ Geldbeträge in Kommaschreibweise notieren	★ mit einem Partner die Aufgabe „übersetzen" und dann gemeinsam berechnen ★ Lernsoftware: „Geldbeträge mit Komma" ☆ vierstellige Cent-Beträge in Kommaschreibweise notieren ☆ VM TH4 S. 45	LKV54 KV131
Test 4g: Rechengeschichten lösen		
❶ Rechnung und Antwortsatz zur Sachaufgabe notieren	★ zusammen mit einem Partner die Fragestellung „übersetzen", wichtige Informationen farbig unterstreichen, dann gemeinsam rechnen ★ Lernsoftware: „Sachaufgaben – Geld" ★ eigene einfache Rechengeschichten schreiben und dann rechnen ☆ Rechengeschichten mit mehr Informationen und im höheren Zahlenraum rechnen	LKV55–57 KV134, KV135
❷ für die Lösung der Sachaufgabe Informationen aus der Tabelle entnehmen und dann Rechnung und Antwort notieren	★ zusammen mit einem Partner die Fragestellung „übersetzen", wichtige Informationen farbig unterstreichen, dann gemeinsam rechnen ★ über die jeweiligen Informationen im Text die zugehörigen Preise notieren, wichtige Informationen farbig unterstreichen und dann rechnen ☆ selbst Rechengeschichten schreiben, in denen mindestens 2 Additionen und 2 Subtraktionen vorkommen und in denen Informationen aus einer Tabelle entnommen werden müssen, incl. Lösung ☆ VM TH4 S. 52–54; LM TH4 S. 33–35	KV132, KV133, KV135

kann	s	ü	t	n	* Förderhinweise ☆ Förderhinweise bzw. Fördermaterial*	LKV/KV
Test 4h: Wichtige Informationen in Rechengeschichten erkennen						
● wichtige Informationen in Sachaufgaben erkennen, farbig markieren und dann Rechnung und Antwort notieren					★ zusammen mit einem Partner die Fragestellung „übersetzen", wichtige Informationen farbig unterstreichen, dann gemeinsam rechnen ★ über die jeweiligen Informationen im Text die zugehörigen Preise notieren, wichtige Informationen farbig unterstreichen und dann rechnen ☆ selbst Rechengeschichten schreiben, in denen Informationen aus einer Tabelle entnommen werden müssen und in denen mindestens 3 Additionen und 3 Subtraktionen mit 2 Stellenübergängen vorkommen, incl. Lösung ☆ VM TH4 S. 57–59, 62, 64; LM TH4 S. 37–39, 42, 44	LKV56 KV136, KV137

Test 5a: Mit Einer- und Zehnerzahlen multiplizieren

1 Trae die Ergebnisse ein.

a) 2 · 2 = ☐   b) 8 · 3 = ☐   c) 3 · 3 = ☐   d) 4 · 8 = ☐

9 · 4 = ☐   3 · 6 = ☐   8 · 4 = ☐   6 · 2 = ☐

5 · 7 = ☐   5 · 5 = ☐   3 · 7 = ☐   6 · 7 = ☐

3 · 4 = ☐   9 · 6 = ☐   5 · 2 = ☐   6 · 3 = ☐

9 · 7 = ☐   3 · 8 = ☐   9 · 8 = ☐   4 · 4 = ☐

6 · 8 = ☐   8 · 5 = ☐   4 · 6 = ☐   4 · 5 = ☐

☺ ☹ ☹

2 Bestimme die Ergebnisse.

a) 7 · 3 = ☐   b) 3 · 5 = ☐   c) 5 · 6 = ☐   d) 5 · 4 = ☐

7 · 30 = ☐   3 · 50 = ☐   5 · 60 = ☐   5 · 40 = ☐

8 · 6 = ☐   3 · 2 = ☐   4 · 3 = ☐   8 · 8 = ☐

8 · 60 = ☐   3 · 20 = ☐   4 · 30 = ☐   8 · 80 = ☐

8 · 2 = ☐   7 · 8 = ☐   5 · 5 = ☐   7 · 4 = ☐

8 · 20 = ☐   7 · 80 = ☐   5 · 50 = ☐   7 · 40 = ☐

☺ ☹ ☹

3 Schreibe zunächst zu jeder Aufgabe die Malaufgabe aus dem kleinen
Einmaleins auf. Rechne dann beide Aufgaben aus.

a) ☐ · ☐ = ☐   b) ☐ · ☐ = ☐   c) ☐ · ☐ = ☐

   4 · 20 = ☐   9 · 20 = ☐   6 · 60 = ☐

☐ · ☐ = ☐   ☐ · ☐ = ☐   ☐ · ☐ = ☐

   7 · 60 = ☐   6 · 40 = ☐   5 · 30 = ☐

☐ · ☐ = ☐   ☐ · ☐ = ☐   ☐ · ☐ = ☐

   9 · 50 = ☐   8 · 70 = ☐   7 · 20 = ☐

☺ ☹ ☹

4 Finde passende Malaufgaben.

a) ☐ · ☐ = 42   b) ☐ · ☐ = 24   c) ☐ · ☐ = 40

☐ · ☐ = 420   ☐ · ☐ = 240   ☐ · ☐ = 400

☺ ☹ ☹

Wie kann ich die Aufgabe lösen?
☺ kann ich gut lösen; ☺ kann ich nur zum Teil gut lösen; ☹ kann ich nicht lösen

Test 5b: Durch Einer- und Zehnerzahlen dividieren

1 Trage die Ergebnisse ein.

a) 27 : 9 =
35 : 5 =
64 : 8 =
18 : 2 =
72 : 9 =
24 : 6 =

b) 27 : 3 =
48 : 8 =
20 : 5 =
21 : 7 =
54 : 9 =
24 : 4 =

c) 45 : 5 =
54 : 6 =
81 : 9 =
36 : 4 =
32 : 8 =
49 : 7 =

d) 15 : 5 =
63 : 7 =
21 : 3 =
35 : 7 =
72 : 8 =
16 : 4 =

2 Bestimme die Ergebnisse.

a) 56 : 7 =
560 : 70 =
18 : 3 =
180 : 30 =
48 : 6 =
480 : 60 =

b) 18 : 6 =
180 : 60 =
32 : 4 =
320 : 40 =
24 : 3 =
240 : 30 =

c) 16 : 2 =
160 : 20 =
40 : 5 =
400 : 50 =
30 : 6 =
300 : 60 =

d) 25 : 5 =
250 : 50 =
42 : 6 =
420 : 60 =
12 : 2 =
120 : 20 =

3 Schreibe zunächst zu jeder Aufgabe die Geteiltaufgabe aus dem kleinen Einmaleins auf. Rechne dann beide Aufgaben aus.

a) ☐ : ☐ = ☐
140 : 20 =
☐ : ☐ = ☐
200 : 40 =
☐ : ☐ = ☐
120 : 30 =

b) ☐ : ☐ = ☐
420 : 70 =
☐ : ☐ = ☐
560 : 80 =
☐ : ☐ = ☐
280 : 40 =

c) ☐ : ☐ = ☐
300 : 50 =
☐ : ☐ = ☐
150 : 30 =
☐ : ☐ = ☐
630 : 90 =

4 Finde selbst passende Aufgaben.

a) 30 : ☐ = ☐
300 : ☐ = ☐

b) 24 : ☐ = ☐
240 : ☐ = ☐

c) 32 : ☐ = ☐
320 : ☐ = ☐

Wie kann ich die Aufgabe lösen?
☺ kann ich gut lösen; 😐 kann ich nur zum Teil gut lösen; ☹ kann ich nicht lösen

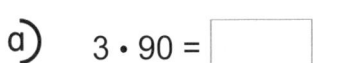
Test 5c: Multiplizieren und dividieren mit Zehnerzahlen

1 Trage die Ergebnisse ein.

a) 3 · 90 = ☐   b) 3 · ☐ = 270   c) ☐ · 50 = 350

7 · 60 = ☐   5 · ☐ = 250   ☐ · 60 = 480

8 · 70 = ☐   7 · ☐ = 630   ☐ · 90 = 540

8 · 40 = ☐   8 · ☐ = 240   ☐ · 30 = 270

d) 240 : 30 = ☐   e) 480 : ☐ = 8   f) ☐ : 40 = 7

560 : 80 = ☐   360 : ☐ = 4   ☐ : 30 = 6

720 : 90 = ☐   200 : ☐ = 5   ☐ : 60 = 9

280 : 40 = ☐   210 : ☐ = 3   ☐ : 80 = 5

2 Löse die Zahlenrätsel. Schreibe deine Rechnungen dazu.

a) Die gesuchte Zahl ist das Fünffache von 40.

Rechnung: _____   Antwort: Die gesuchte Zahl ist ☐.

b) Die gesuchte Zahl ist der dritte Teil von 270.

Rechnung: _____   Antwort: Die gesuchte Zahl ist ☐.

c) Die gesuchte Zahl ist die Hälfte vom dritten Teil von 24.

Rechnung: _____   Antwort: Die gesuchte Zahl ist ☐.

d) Die gesuchte Zahl ist das Vierfache vom dritten Teil von 240.

Rechnung: _____   Antwort: Die gesuchte Zahl ist ☐.

3 Schreibe jeweils die Rechnung und Antwort auf.

a) Im Parkhaus sind am Samstag um 9.00 Uhr bereits fünf Stockwerke besetzt. In jedem Stockwerk parken 40 Autos. Wie viele Autos parken im Parkhaus?

Rechnung: _____   Antwort: _____

b) Für die Theatervorstellung in der Schule stellen die Kinder für die Zuschauer Stühle auf. 200 Stühle stehen zur Verfügung. In jede Reihe passen 40 Stühle. In wie vielen Reihen sitzen die Zuschauer?

Rechnung: _____   Antwort: _____

Wie kann ich die Aufgabe lösen?
☺ kann ich gut lösen; ☺ kann ich nur zum Teil gut lösen; ☹ kann ich nicht lösen

Test 5d: Malaufgaben in mehreren Schritten lösen

❶ Zerlege die Aufgaben in zwei oder drei Teilaufgaben und rechne.

a) $4 \cdot 28 = \boxed{}$

b) $9 \cdot 37 = \boxed{}$

c) $3 \cdot 84 = \boxed{}$

d) $3 \cdot 247 = \boxed{}$

e) $4 \cdot 125 = \boxed{}$

f) $2 \cdot 426 = \boxed{}$

❷ Bestimme, welche Aufgabe jeweils zu den Teilaufgaben gehört.
Berechne dann die Ergebnisse.

a)
$6 \cdot 30 = \boxed{}$
$6 \cdot 7 = \boxed{}$
$\boxed{} \cdot \boxed{} = \boxed{}$

b)
$4 \cdot 20 = \boxed{}$
$4 \cdot 8 = \boxed{}$
$\boxed{} \cdot \boxed{} = \boxed{}$

c)
$8 \cdot 60 = \boxed{}$
$8 \cdot 4 = \boxed{}$
$\boxed{} \cdot \boxed{} = \boxed{}$

d)
$4 \cdot 200 = \boxed{}$
$4 \cdot 30 = \boxed{}$
$4 \cdot 7 = \boxed{}$
$\boxed{} \cdot \boxed{} = \boxed{}$

e)
$2 \cdot 300 = \boxed{}$
$2 \cdot 40 = \boxed{}$
$2 \cdot 6 = \boxed{}$
$\boxed{} \cdot \boxed{} = \boxed{}$

f)
$7 \cdot 100 = \boxed{}$
$7 \cdot 20 = \boxed{}$
$7 \cdot 8 = \boxed{}$
$\boxed{} \cdot \boxed{} = \boxed{}$

❸ Vervollständige die Tabelle.

a) Jonglierbälle

Stück	1	2	5	8
Preis		0,60 €		

b) Lutscher

Stück	1	2	4	7
Preis	0,24 €		0,96 €	

Wie kann ich die Aufgabe lösen?
☺ kann ich gut lösen; ☺ kann ich nur zum Teil gut lösen; ☹ kann ich nicht lösen

Test 5e: Geteiltaufgaben in mehreren Schritten lösen

❶ Zerlege jede Aufgabe in zwei Teilaufgaben und rechne schrittweise.

a) 258 : 3 = ⬜

b) 456 : 6 = ⬜

c) 266 : 7 = ⬜

❷ Bestimme, welche Aufgabe jeweils zu den Teilaufgaben gehört.
Berechne dann die Ergebnisse.

a) 640 : 8 = ⬜
   32 : 8 = ⬜
   ⬜ : ⬜ = ⬜

b) 270 : 9 = ⬜
   36 : 9 = ⬜
   ⬜ : ⬜ = ⬜

c) 240 : 4 = ⬜
   28 : 4 = ⬜
   ⬜ : ⬜ = ⬜

❸ Bestimme zu jeder Aufgabe das Ergebnis und den Rest.

a) 208 : 6 = ⬜   Rest ⬜

b) 479 : 5 = ⬜   Rest ⬜

Rest

Rest

Rest

Rest

❹ Berechne die Ergebnisse. Überprüfe jedes Ergebnis mit der Umkehraufgabe.

a) 272 : 4 = ⬜

b) 496 : 8 = ⬜

c) 585 : 9 = ⬜

Probe:

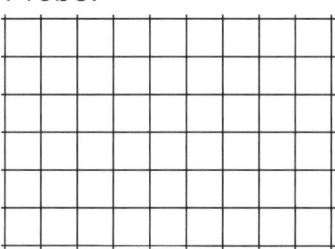

Probe:

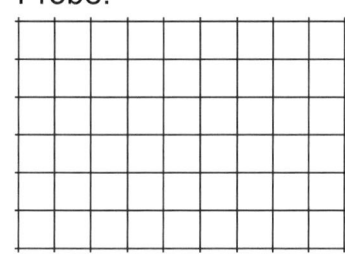

Probe:

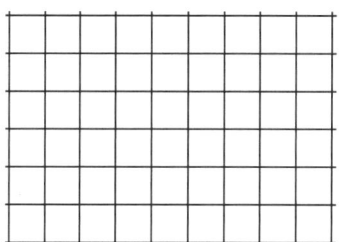

Wie kann ich die Aufgabe lösen?
☺ kann ich gut lösen; 😐 kann ich nur zum Teil gut lösen; ☹ kann ich nicht lösen

Test 5f: Sachaufgaben lösen

1 Schreibe die passenden Rechnungen und Antworten auf.   ☺ ☻ ☹

a) Tims Mutter schmückt zur Hochzeit ihrer Schwester acht lange Tische
mit je einem Blumengesteck. Sie bestellt dafür bei der Gärtnerei 192 Rosen.
Sie erhält einen Sonderpreis: acht Rosen für 1 €.

Wie viele Rosen kann sie für den Blumenschmuck auf einem Tisch verwenden,
wenn auf jedem Tisch gleich viele Rosen stehen sollen?

Rechnung: Antwort: _____

Wie viel muss sie in der Gärtnerei bezahlen?

Rechnung: Antwort: _____

Wie viel kostet der Blumenschmuck für einen Tisch?

Rechnung: Antwort: _____

b) Tim will bei der Hochzeit Fotos machen. Er kauft drei Filme.
Auf jedem Film sind 32 Bilder. Ein Film kostet 2,56 €.

Wie viele Bilder kann Tim machen?

Rechnung: Antwort: _____

Wie viel muss er für die Filme bezahlen?

Rechnung: Antwort: _____

Wie viel kostet das Filmmaterial pro Bild?

Rechnung: Antwort: _____

Wie kann ich die Aufgabe lösen?
☺ kann ich gut lösen; ☻ kann ich nur zum Teil gut lösen; ☹ kann ich nicht lösen

Test 5g: Gewichte bestimmen, vergleichen und ordnen

1 Gib das Gewicht der abgebildeten Gegenstände an.

a)

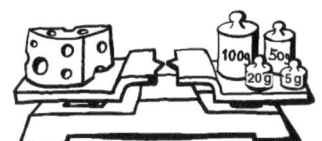

_____

b)

_____

c)

_____

2 Es wurden beim Wiegen jeweils die angegebenen Gewichtsstücke verwendet. Bestimme das Gewicht.

	500 g	200 g	100 g	50 g	20 g	10 g	5 g	Gewicht
a)		x	x	x	x		x	
b)	x		x		x	x		
c)		x	x		x	x		

3 Kreuze an, mit welchen Gewichtsstücken das angegebene Gewicht gewogen werden kann.

	Gewicht	500 g	200 g	100 g	50 g	20 g	10 g	5 g
a)	175 g							
b)	815 g							
c)	265 g							

4 Ordne der Größe nach.

a)   35 g,   305 g,   0,350 kg,   3,5 kg   [ ] < [ ] < [ ] < [ ]

b)   580 g, 0,5 kg,   508 g,   0,05 kg   [ ] > [ ] > [ ] > [ ]

c) 1 kg 50 g, 1,5 kg, 1 kg 250 g, 1,005 kg   [ ] > [ ] > [ ] > [ ]

Wie kann ich die Aufgabe lösen?
☺ kann ich gut lösen; ☺ kann ich nur zum Teil gut lösen; ☹ kann ich nicht lösen

Test 5h: Mit Gewichtsangaben umgehen

1 Finde gleiche Gewichtsangaben. Schreibe die drei Paare auf.

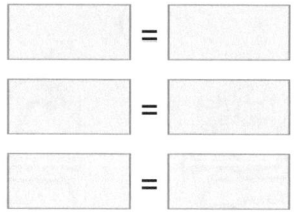

$\frac{1}{2}$ kg	0,005 kg		
50 g	5 g		
0,050 kg	500 g		

☐ = ☐

☐ = ☐

☐ = ☐

2 Berechne die fehlenden Angaben und trage sie in die Tabelle ein.

	Zucker	Nudeln	Kekse
volle Packung	1 kg	500 g	
verbraucht		175 g	64 g
Rest	280 g		186 g

3 Ordne folgende Gewichtsangaben den Gegenständen passend zu.

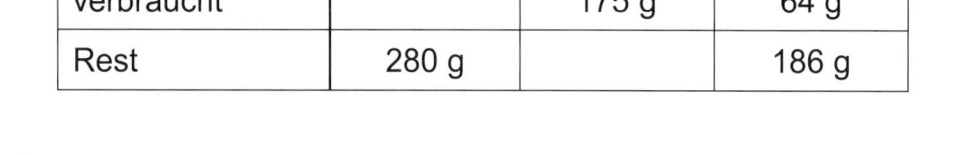

a) Wal _____

Brief _____

neunjähriges
Kind _____

b) Teebeutel _____

Elefant _____

Sack
Kartoffeln _____

c) Katze _____

Schokolade _____

kleiner
Lastwagen _____

4 Schreibe zu jeder Gewichtsangabe ein Beispiel aus deiner Umgebung.

a) 1 kg _____

_____

b) 100 g _____

_____

c) 500 g _____

_____

Wie kann ich die Aufgabe lösen?
☺ kann ich gut lösen; ☺ kann ich nur zum Teil gut lösen; ☹ kann ich nicht lösen

Diagnosebogen zu den Tests zum Themenheft 5 *Multiplikation und Division/Größenbereich Gewicht*

HRU: Allgemeine Hinweise, Anregungen für den Unterricht, individuelle Förderung und Arbeit im Plenum s. S. 223–228;
Kompetenzraster: Kom Ü1–Ü2; Beobachtungsbogen „Allgemeine mathematische Kompetenzen": BBK; Lehrerkopiervorlagen: LKV 58–69;
Kompetenzbögen: Kom 5a–5d; Beobachtungsbögen: BB 5a–5b; Tests: Test 5a–5h; Tests mit besonderen Anforderungen: Test mbA 5a–5b
Kopiervorlagen: KV141–KV170, Blanko: KV171–175
Lernsoftware Interaktive Übungen: Zahlen und Operationen: Multiplikation und Division; Größen und Messen: Gewicht / Sachaufgaben – Gewicht

s = sicher; ü = überwiegend sicher; t = teilweise; n = noch nicht

kann	s	ü	t	n	★ Förderhinweise ☆ Fördermaterial*	LKV/KV
Test 5a: Mit Einer- und Zehnerzahlen multiplizieren						
❶ Multiplikationsaufgaben aus dem kleinen Einmaleins rechnen					★ Aufgaben mit Material auf dem Tisch legen ★ Kernaufgaben aus der Einmaleinstabelle wiederholen und zur Herleitung von Nachbaraufgaben nutzen ★ „Spickzettel" erstellen und individuell schwierige Aufgaben farbig hervorheben ☆ abwechselnd mit einem Partner schwierige Multiplikationsaufgaben lösen	LKV58 KV141
❷ Aufgaben zum Zehnereinmaleins über Analogien aus dem kleinen Einmaleins lösen					★ erst die kleine Aufgabe mit Material legen, dann die große Aufgabe mit Material legen ★ die kleine Aufgabe zusammen mit einem Partner erst aus den Kernaufgaben herleiten, dann darüber austauschen, was gemacht werden muss, um die Aufgabe zu lösen ☆ Lernsoftware: „Multiplizieren mit Zehnerzahlen und Hunderterzahlen" ☆ schwierigere Aufgaben auch aus dem Hunderterbereich lösen	LKV58 KV143–145, KV171–173
❸ zu Aufgaben zum Zehnereinmaleins die analoge Aufgabe aus dem kleinen Einmaleins notieren und dann lösen					★ die große Aufgabe mit Material legen, dann mit einem Partner überlegen, wie die kleine Aufgabe lauten könnte und warum ★ einem Partner erklären, wie man die kleine Aufgabe aus der großen bildet und umgekehrt ☆ zu allen Aufgaben einer selbst gewählten Einmaleinsreihe alle großen Aufgaben bilden und berechnen ☆ eine „große" Einmaleinstabelle erstellen incl. Ergebnissen ☆ VM TH5 S. 10; LM TH5 S. 8	LKV59 KV143, KV145
❹ zu vorgegebenen Ergebnissen die jeweiligen Aufgaben aus dem kleinen Einmaleins und dem Zehnereinmaleins notieren					★ das Ergebnis mit Material legen und überlegen, wie es aufgeteilt werden kann, dann daraus die Umkehraufgabe bilden ★ mit Hilfe der Einmaleinstabelle überlegen, welche Aufgabe zum dargestellten Ergebnis gehören könnte, dann auf die große Aufgabe übertragen ★ mit Hilfe der Kernaufgaben das Ergebnis „eingrenzen", dann über die Nachbaraufgaben erschließen ☆ zu einer großen Malaufgabe und der zugehörigen kleinen Malaufgabe eine Rechengeschichte schreiben	LKV59 KV143

kann	s	ü	t	n	★ Förderhinweise ☆ Forderhinweise bzw. Fordermaterial*	LKV/KV
Test 5b: Durch Einer- und Zehnerzahlen multiplizieren						
❶ Divisionsaufgaben aus dem kleinen Einsdurcheins rechnen					★ Aufgaben mit Material auf dem Tisch legen ★ Kernaufgaben aus der Einsdurcheinstabelle wiederholen und zur Herleitung von Nachbaraufgaben nutzen ☆ „Spickzettel" erstellen und individuell schwierige Aufgaben farbig hervorheben und gezielt üben ☆ abwechselnd mit einem Partner schwierige Divisionsaufgaben lösen	LKV58 KV142
❷ Aufgaben zum Zehnereinsdurcheins über Analogien aus dem kleinen Einsdurcheins lösen					★ erst die kleine Aufgabe mit Material legen, dann die große Aufgabe mit Material legen ★ die kleine Aufgabe zusammen mit einem Partner erst aus den Kernaufgaben herleiten, dann darüber austauschen, was gemacht werden muss, um die Aufgabe zu lösen ★ Lernsoftware: „Dividieren mit Zehnerzahlen und Hunderterzahlen" ☆ schwierigere Aufgaben auch aus dem Hunderterbereich lösen	LKV59 KV146, KV148, KV171–KV173
❸ zu Aufgaben zum Zehnereinsdurcheins die analoge Aufgabe aus dem kleinen Einsdurcheins notieren und dann lösen					★ die große Aufgabe mit Material legen, dann mit einem Partner überlegen, wie die kleine Aufgabe lauten könnte und warum ★ einem Partner erklären, wie man die kleine Aufgabe aus der großen bildet und umgekehrt ★ zu allen Aufgaben einer selbst gewählten Einsdurcheinsreihe alle großen Aufgaben bilden und berechnen ☆ eine „große" Einsdurcheinstabelle zum Hundertereinmaleins erstellen incl. Ergebnissen	LKV59 KV146, KV148
❹ passende Aufgaben zum kleinen und großen Einsdurcheins lösen					★ die Einsdurcheinstabelle zur Hilfe nehmen oder ggf. die Einmaleinstabelle und über die Umkehraufgabe arbeiten ☆ für den Partner schwierigere Divisionsaufgaben mit wechselnden Platzhaltern notieren incl. Lösung	LKV59 KV148
Test 5c: Multiplizieren und dividieren mit Zehnerzahlen						
❶ Multiplikationen mit Zehnerzahlen und Divisionen mit Zehnerzahlen lösen					★ mit einem Partner die Lösungsstrategien für die wechselnden Platzhalter besprechen ★ eine Zehner-Einsdurcheinstabelle selbst erstellen und parallel zur Zehner-Einmaleinstabelle verwenden ★ mit dem Partner gemeinsam überlegen wie man eine selbst gewählte Aufgabe am Sinnvollsten lösen kann ☆ Aufgaben mit Hunderterzahlen lösen ☆ VM TH5 S. 15	KV147, KV171-173
❷ Zahlenrätsel zur Multiplikation und Division mit Zehnerzahlen lösen					★ gemeinsam mit einem Partner die Aufgabe „übersetzen", dann gemeinsam berechnen ★ einfache Zahlenrätsel selbst schreiben ☆ mehrteilige Zahlenrätsel oder Zahlenrätsel mit einer Zielzahl selbst schreiben incl. Lösung	LKV60 KV149*

Lernziel	Aufgaben / Hinweise	KV
❸ Rechengeschichten zur Multiplikation und Division mit Zehnerzahlen lösen	★ gemeinsam mit einem Partner die Aufgabe „übersetzen", dann gemeinsam berechnen ★ einfache Rechengeschichten selbst schreiben ☆ kompliziertere Rechengeschichten oder Geschichten mit einer vorgegebenen Zielzahl selbst schreiben incl. Lösung	
Test 5d: Malaufgaben in mehreren Schritten lösen		
❶ Multiplikationsaufgaben schrittweise notieren und lösen	★ mit einem Partner darüber austauschen, in welche Teilschritte die Aufgaben sinnvoll zerlegt werden können ★ die Einmaleinstabelle als Hilfsmittel nutzen ☆ Lernsoftware: „Halbschriftlich multiplizieren" ☆ „ungewöhnliche" Teilschritte finden und dann die Aufgaben berechnen VM TH5 S. 21-24; LM TH5 S. 17, 18	LKV61, LKV62 KV150-152, KV153*, KV174
❷ zu schrittweise notierten Multiplikationsaufgaben die Ursprungsaufgabe notieren und lösen	★ gemeinsam mit einem Partner darüber austauschen, wie man schnell herausfinden kann, wie die zugrundeliegende Aufgabe heißt ★ die Einmaleinstabelle als Hilfsmittel nutzen ☆ dem Partner zu einer selbst gewählten Aufgabe aus dem Kopf die einzelnen Multiplikationsschritte ohne Lösung nennen und der Partner nennt die Lösung	LKV61, LKV62 KV150, KV151*
❸ Tabellen zur Multiplikation vervollständigen	★ gemeinsam mit einem Partner vorab zu jeder Aufgabe einen Überschlag durchführen ★ Lernsoftware: „Aufgabenfolgen Multiplikation"	LKV63 KV154
Test 5e: Geteiltaufgaben in mehreren Schritten lösen		
❶ Divisionsaufgaben schrittweise notieren und lösen	★ zusammen mit einem Partner darüber austauschen, wie man die Zahl für die erste Teilaufgabe herausfinden kann ★ mit Hilfe der Einsdurcheinstabelle die erste Teilaufgabe herausfinden ☆ Lernsoftware: „Halbschriftlich dividieren", „Aufgabenfolgen Division" ☆ Divisionsaufgaben mit Zehner-Divisoren lösen	LKV64 KV155, KV175
❷ zu schrittweise notierten Divisionsaufgaben die Ursprungsaufgabe notieren und lösen	★ gemeinsam mit einem Partner darüber austauschen, wie man schnell herausfinden kann, wie die zugrundeliegende Aufgabe heißt ★ die Einsdurcheinstabelle als Hilfsmittel nutzen ☆ dem Partner zu einer selbst gewählten Aufgabe aus dem Kopf die einzelnen Divisionsschritte ohne Lösung nennen und der Partner nennt die Lösung	LKV64 KV155
❸ Divisionsaufgaben mit Rest lösen	★ gemeinsam mit einem Partner darüber austauschen, wie man schnell herausfinden kann, wie die zugrundeliegende Aufgabe heißt, wie man den Rest berechnet und was der Rest bedeutet ★ die Einsdurcheinstabelle als Hilfsmittel nutzen ☆ dem Partner zu einer selbst gewählten Aufgabe aus dem Kopf die einzelnen Divisionsschritte ohne Lösung nennen und der Partner nennt die Lösung	LKV66 KV156, KV157

57

kann	s	ü	t	n	★ Förderhinweise ☆ **F**örderhinweise bzw. **F**ordermaterial*	LKV/KV
❹ Divisionsaufgaben lösen und mit der Umkehraufgabe überprüfen					★ einfache Divisionsaufgaben mit Material legen, dann die Umkehraufgabe dazu bilden, dann die Zahlenräume schrittweise erweitern bis zum geforderten Zahlenraum ☆ bestimmte Ergebnisse vorgeben und dazu dann die Divisionsaufgabe formulieren und anschließend die Umkehraufgabe zur Überprüfung ☆ VM TH5 S. 29, 35	KV155
Test 5f: Sachaufgaben lösen						
❶ Rechnungen und Antworten zu Sachaufgaben zur Multiplikation und Division notieren und die Aufgaben lösen					★ zusammen mit einem Partner die Fragestellung „übersetzen", wichtige Informationen farbig markieren und gemeinsam berechnen ★ sprachlich vereinfachte Sachaufgaben selbst lösen ☆ selbst Sachaufgaben schreiben incl. Lösung ☆ VM TH5 S. 17, 33; LM TH5 S. 14	LKV65 KV154*
Test 5g: Gewichte bestimmen, vergleichen und ordnen						
❶ Gewichte einer Tafelwaage in Abbildungen erkennen, berechnen und notieren					★ die gezeichneten Gewichte auf eine Tafelwaage stellen und das Gewicht mit Stiften, Papier usw. erreichen ☆ das Gewicht berechnen, wenn man das Doppelte/die Hälfte auf die Waage legen würde	KV158, KV160*, KV168*
❷ Gesamtgewicht anhand von Angaben zu verwendeten Gewichtsstücken aus einer Tabelle ermitteln					★ mit einem Partner besprechen, wie die Aufgabe gelöst werden kann ★ die Aufgabe mit einer Tafelwaage mit Gewichten simulieren, dann berechnen ☆ nach dem Berechnen des Gesamtgewichtes die Differenz bis 1000 bestimmen ☆ die Tabelle nach links mit größeren Gewichten erweitern	KV160
❸ eine Tabelle vervollständigen, in der dargestellt wird, mit welchen Gewichtsstücken ein bestimmtes Gewicht gewogen wurde					★ mit der Tafelwaage versuchen, die angegebenen Gewichte zu erreichen ☆ die Tabelle nach rechts um 2g und 1g erweitern, dann möglichst viele Möglichkeiten finden, um ein Gewicht zu erreichen ☆ VM TH5 S. 51, 52; LM TH5 S. 37	KV160
❹ Gewichtsangaben der Größe nach notieren					★ zusammen mit einem Partner darüber austauschen, woran man erkennt, ob eine Gewichtsangabe „schwer" oder „nicht so schwer" ist ★ die Gewichtsangaben mit den entsprechenden Gewichten auf einer Tafelwaage nachvollziehen, indem immer 2 Gewichtsangaben verglichen werden ★ Lernsoftware: „Mit Gewichten arbeiten" ☆ komplexere Gewichtsvergleiche notieren, z.B. die Gewichtsangaben verschiedener Tiere recherchieren und diese dann vergleichen	LKV67, LKV69 KV169, KV170

Test 5h: Mit Gewichtsangaben umgehen

❶ Gewichtsangaben mit und ohne Kommaschreibweise einander zuordnen	★ ein Poster erstellen, auf dem die Umrechnungen notiert sind ★ auf der Balkenwaage die angegebenen Gewichtsangaben miteinander vergleichen ★ Lernsoftware: „Kilogramm und Gramm mit Komma" ☆ weitere „Paare" zu Gewichtsangaben finden und zu einem Memory gestalten	LKV69	
❷ eine Tabelle durch Addition und Subtraktion vervollständigen	★ gemeinsam mit einem Partner die Angaben in der Tabelle und die Bedeutung der Tabelle selbst „übersetzen" und gemeinsam Lösungsansätze ermitteln ★ als leichtere Form eine Tabelle nutzen, in der immer auf 1kg/1000g ergänzt werden muss ★ Lernsoftware: „Auf 1kg ergänzen" ☆ die Leerstellen einer Tabelle ausfüllen, in der höhere Zahlenbereiche enthalten sind	KV159, KV166	
❸ Gegenständen/Tieren bestimmte Gewichtsangaben zuordnen	★ die Gewichtsangaben der Gegenstände/Tiere mittels Lexikon/Internet vorab recherchieren ★ die Gewichtsangaben mit der Tafelwaage nachstellen, sofern möglich ☆ weitere Gewichtsangaben recherchieren, z.B. das schwerste Tier/das leichteste Tier, das schwerste Motorrad/das leichteste Motorrad … incl. Lösung ☆ VM TH5 S. 43	LKV68, LKV69	
❹ zu vorgegebenen Gewichtsangaben passende Beispiele aus der Umgebung finden	★ die Gewichtsangaben zuerst mit der Tafelwaage nachstellen, um ein Gefühl für das Gewicht zu bekommen, dann passende Gegenstände suchen und mit der Tafelwaage überprüfen ☆ passende Gegenstände zu weiteren selbst gewählten Gewichtsangaben finden und ggf. mit der Tafelwaage überprüfen ☆ VM TH5 S. 45, 46, 48, 54; LM TH5 S. 37, 39	LKV68 KV165*	

Test 6a: Strecken messen und zeichnen

1 Bestimme die Längen der Strecken. ☺ ☺ ☹

a) �

b) �

c) �

d) �

e) �

f) �

2 Zeichne Strecken mit den angegebenen Längen. ☺ ☺ ☹

a) |

4 cm

b) |

1 cm

c) |

6 cm

d) |

2,5 cm

e) |

8 mm

f) |

3,3 cm

3 Auf der Skizze sind zwei Wege von A nach B eingezeichnet. ☺ ☺ ☹
Wie lang sind die Wege?

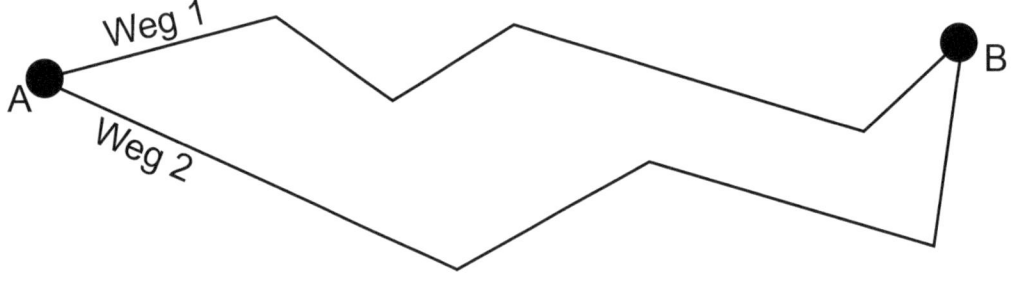

Weg 1 _____ Weg 2 _____

4 Ergänze in der Skizze der Aufgabe **3** einen dritten Weg mit 17 cm Länge. ☺ ☺ ☹

Wie kann ich die Aufgabe lösen?
☺ kann ich gut lösen; ☺ kann ich nur zum Teil gut lösen; ☹ kann ich nicht lösen

Test 6b: Unterschiedliche Maßeinheiten verwenden

1 Wandle die Längenangaben in die angegebenen Einheiten um.

a)   1,75 m = [   ] cm

3 m 45 cm = [   ] cm

0,85 m = [   ] cm

b)   458 cm = [   ] m

20 cm = [   ] m

204 cm = [   ] m

c)   54 mm = [   ] cm

210 mm = [   ] cm

4 mm = [   ] cm

d)   3 cm 4 mm = [   ] mm

0,7 cm = [   ] mm

5,3 cm = [   ] mm

2 Ordne den Längenangaben je zwei passende Gegenstände aus deiner Umwelt zu.

a) ungefähr 1 m lang:

_____

_____

b) zwischen 10 cm und 12 cm lang:

_____

_____

c) ungefähr 25 m lang:

_____

_____

d) ungefähr 1 cm lang:

_____

_____

3 Trage passende Maßeinheiten ein:

a) Unsere Haustür ist 2 _____ hoch.

b) Ein Streichholz ist 43 _____ lang.

c) Mutter fährt zum Einkaufszentrum 13 _____.

d) Vaters Zollstock ist 200 _____ lang.

Wie kann ich die Aufgabe lösen?
☺ kann ich gut lösen; ☺ kann ich nur zum Teil gut lösen; ☹ kann ich nicht lösen

Test 6c: Sachaufgaben lösen

1 Schreibe jeweils Rechnung und Antwort auf.

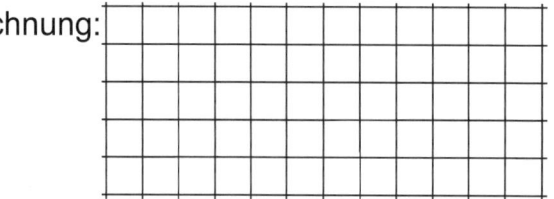

Tim und Lea vergleichen ihre Ausdauerleistung beim Schwimmen.
Tim sagt: „Ich bin 6 Längsbahnen geschwommen."
Lea sagt: „Ich bin 12 Querbahnen geschwommen."

Wer von beiden hat die längere Gesamtstrecke zurückgelegt?

Rechnung:

Antwort: _____

_____

2 Schreibe jeweils Rechnung und Antwort auf.

Tims Mutter macht eine Busreise. Als sie nach drei Tagen anruft, sagt sie: „Wir sind schon 1 000 km gefahren. Gestern haben wir 268 km zurückgelegt und heute 374 km."

Wie viele Kilometer sind sie am ersten Tag gefahren?

Rechnung:

Antwort: _____

_____

3 Paul sagt: „Ich bin 1,38 m groß. Meine Mutter ist 25 cm größer als ich, mein Vater ist 51 cm größer als ich und meine Schwester ist 42 cm kleiner als mein Vater."

Rechnung:

Antwort: Mutter: _____

Vater: _____

Schwester: _____

Wie kann ich die Aufgabe lösen?
☺ kann ich gut lösen; 😐 kann ich nur zum Teil gut lösen; ☹ kann ich nicht lösen

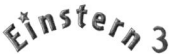
Test 6d: Geometrische Körper und Körpernetze

1 Ergänze die Tabelle.

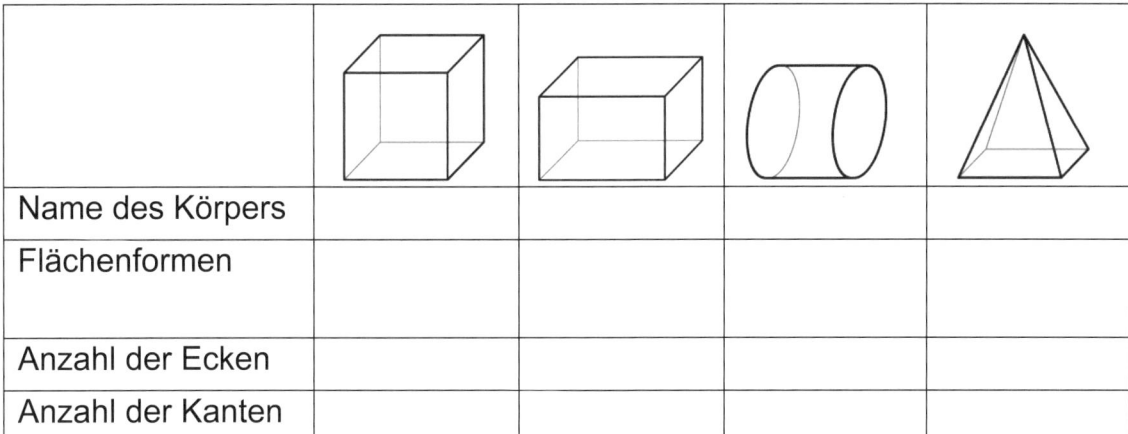

Name des Körpers				
Flächenformen				
Anzahl der Ecken				
Anzahl der Kanten				

2 Verbinde jeden Körper mit dem passenden Netz.

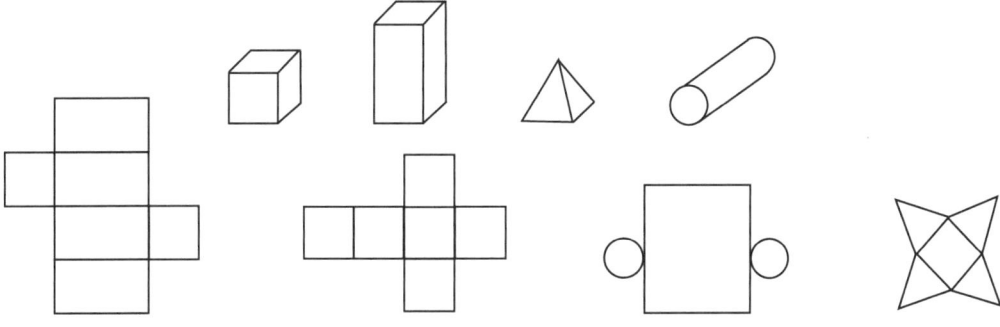

3 Streiche die Abbildung durch, die kein Würfelnetz ist.

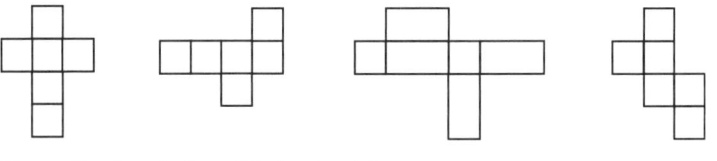

Begründe deine Entscheidung: _____

_____

4 Streiche das Netz durch, aus dem sich kein Würfel bauen lässt.

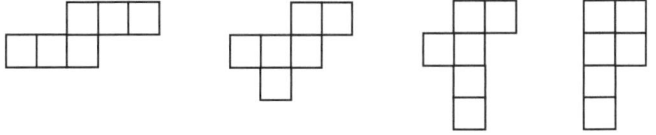

Begründe deine Entscheidung: : _____

_____

Wie kann ich die Aufgabe lösen?
☺ kann ich gut lösen; 😐 kann ich nur zum Teil gut lösen; ☹ kann ich nicht lösen

Test 6e: Baupläne und Ansichten zuordnen und anfertigen

❶ Kreuze den Bauplan an, der zu dem jeweiligen Würfelgebäude passt.

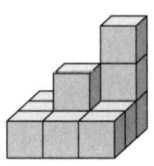

1	1	2
1	2	1
1	1	1

○

1	1	2
1	3	1
1	1	1

○

1	1	3
1	2	1
1	1	1

○

2	0	2
0	0	0
2	0	2

○

2	0	2
0	1	0
2	0	2

○

2	0	2
0	3	0
2	0	2

○

❷ Kreuze das Würfelgebäude an, das zu dem jeweiligen Bauplan passt.

1	3	2
0	2	0
1	1	1

○ 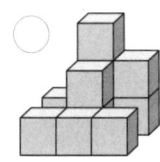   ○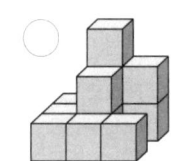

1	2	2
1	3	1
2	1	1

○ 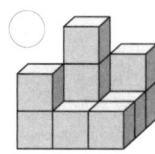   ○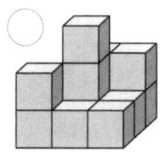

❸ Schreibe zu jeder Ansicht, von welcher Seite aus das Würfelgebäude betrachtet wird.

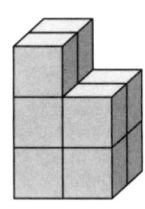   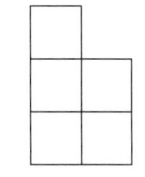   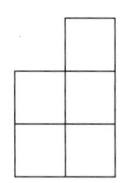   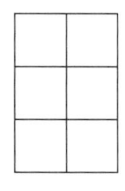

von _____   von _____   von _____ oder von _____

❹ Zeichne selbst Ansichten zum abgebildeten Würfelgebäude.

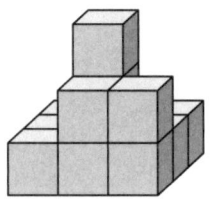   **a)** von vorne   **b)** von links   **c)** von oben

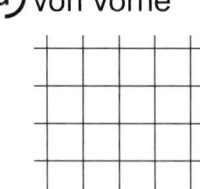   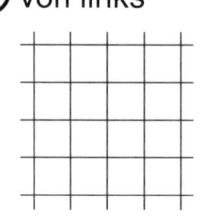   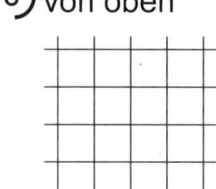

Wie kann ich die Aufgabe lösen?
☺ kann ich gut lösen; ☺ kann ich nur zum Teil gut lösen; ☹ kann ich nicht lösen

Test 6f: Daten aus Diagrammen ablesen und Diagramme erstellen

1 Lies am Balkendiagramm ab, wie hoch die Türme ungefähr sind.
1 Kästchen entspricht 10 m in Wirklichkeit.

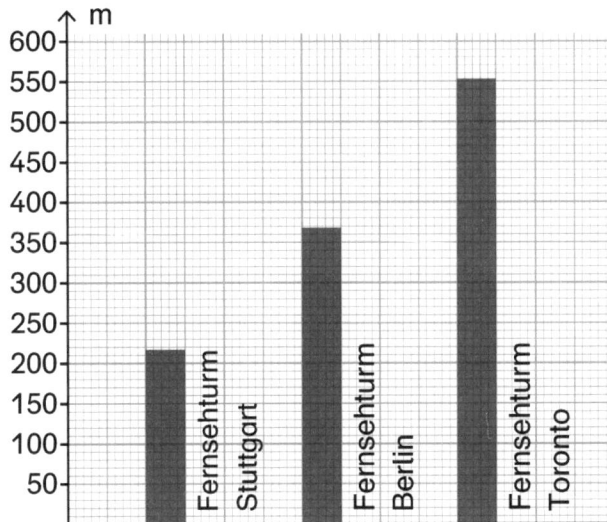

Fernsehturm Stuttgart: ungefähr _____ hoch

Fernsehturm Berlin: ungefähr _____ hoch

Fernsehturm Toronto: ungefähr _____ hoch

2 Stelle die Körpergrößen der Kinder im Balkendiagramm dar.
Sofie: 1,25 m   Anna: 1,32 m   Paul: 1,48 m

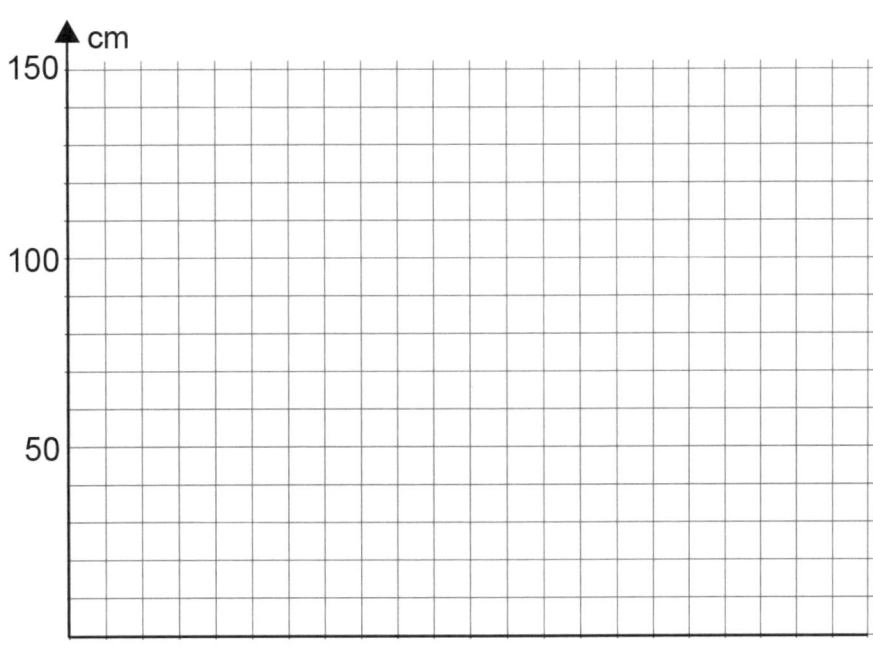

Wie kann ich die Aufgabe lösen?
☺ kann ich gut lösen; ☺ kann ich nur zum Teil gut lösen; ☹ kann ich nicht lösen

Test 6g: Alle Möglichkeiten finden

1 235 + ☐☐☐

a) Bilde zwei unterschiedliche Aufgaben, indem du die Ziffern 1, 4 und 6 einsetzt. Jede Ziffer soll nur einmal vorkommen. Berechne die Ergebnisse.

_____   _____

b)

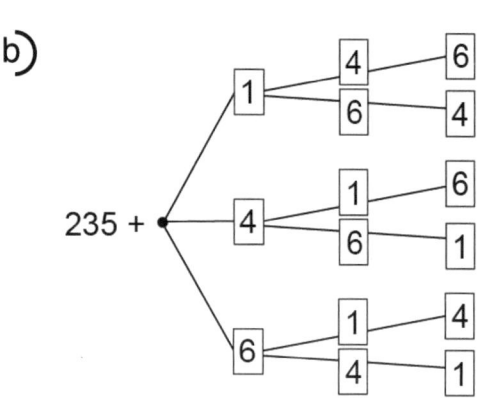

Lies am Rechenbaum ab, wie viele unterschiedliche Aufgaben gebildet werden können.

Es können _____ Aufgaben gebildet werden.

c)

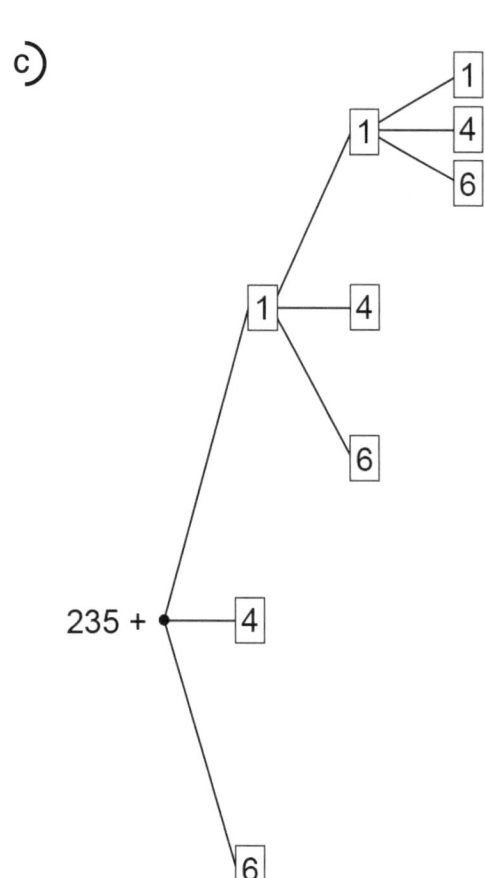

Wie viele Aufgaben könnten gebildet werden, wenn die Ziffern auch mehrmals vorkommen dürfen? Setze zur Bestimmung der Lösung den Rechenbaum fort.

Es können _____ Aufgaben gebildet werden.

Wie kann ich die Aufgabe lösen?
☺ kann ich gut lösen; ☺ kann ich nur zum Teil gut lösen; ☹ kann ich nicht lösen

Test 6h: Die Gewinnchancen bewerten

❶ Du darfst mit geschlossenen Augen aus den Säckchen jeweils zwei Lose ziehen. Es gibt Lose mit einem Gewinn (G) und Lose mit Nieten (N).

a) Ordne folgende Aussagen den passenden Säckchen zu. Trage die passenden Buchstaben ein.

A: Es ist sicher, dass ich ein Los mit einem Gewinn ziehe.
B: Es ist möglich, aber nicht sicher, dass ich ein Los mit einem Gewinn ziehe.
C: Es ist unmöglich, dass ich ein Los mit einem Gewinn ziehe.

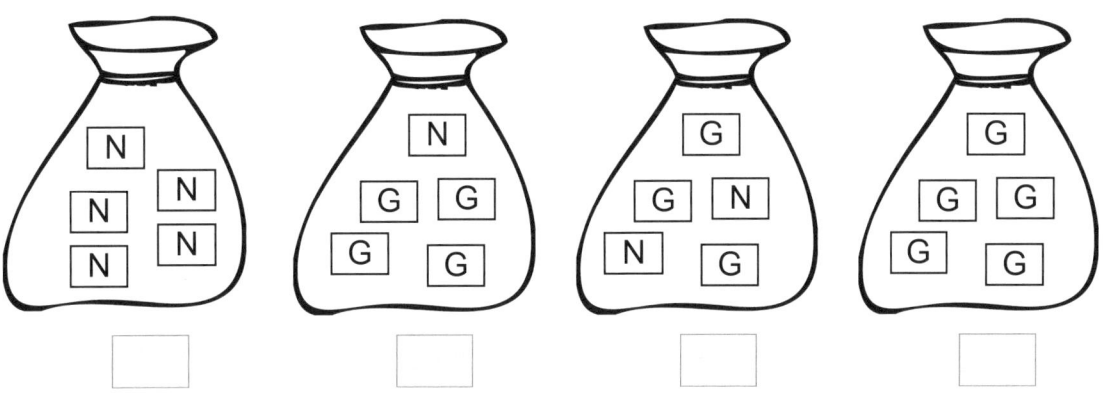

b) Beschrifte die Lose in den Säckchen so, dass die bereits eingetragenen Gewinnchancen zutreffen.

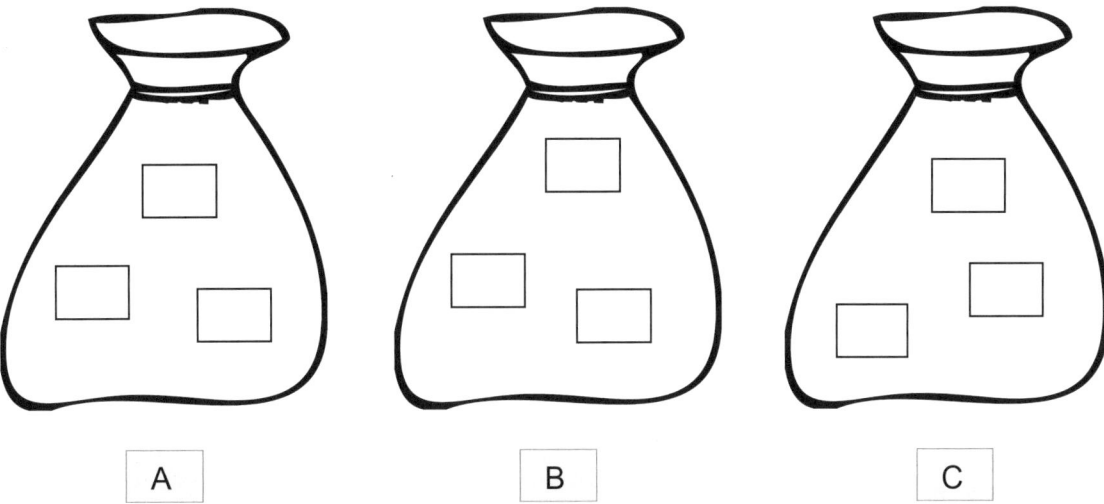

Wie kann ich die Aufgabe lösen?
☺ kann ich gut lösen; ☺ kann ich nur zum Teil gut lösen; ☹ kann ich nicht lösen

Diagnosebogen zu den Tests zum Themenheft 6 Größenbereich Länge/Geometrie Teil 3 – *Körper/Daten, Häufigkeit, Wahrscheinlichkeit*

HRU: Allgemeine Hinweise, Anregungen für den Unterricht, individuelle Förderung und Arbeit im Plenum s. S. 257–262;
Kompetenzraster: Kom Ü1–Ü2; Beobachtungsbogen „Allgemeine mathematische Kompetenzen": BBK; Lehrerkopiervorlagen: LKV 70–81;
Kompetenzbögen: Kom 6a–6d; Tests: Test 6a–6c; Tests mit besonderen Anforderungen: Test mbA 6a–6c
Kopiervorlagen: KV176–KV209
Lernsoftware Interaktive Übungen: Größen und Messen: Längen / Sachaufgaben – Längen; Raum und Form: Geometrische Körper / Würfelgebäude und Baupläne; Daten, Häufigkeit und Wahrscheinlichkeit: Daten erfassen und darstellen / Wahrscheinlichkeit

s = sicher; ü = überwiegend sicher; t = teilweise; n = noch nicht

kann	s	ü	t	n	★ Förderhinweise ☆ Fördermaterial*	LKV/KV
Test 6a: Strecken messen und zeichnen						
❶ die Streckenlängen vorgegebener Strecken millimetergenau messen und notieren					★ zuerst Längen im Klassenraum/zu Hause mit dem Zollstock messen und das Anlegen bei „0" üben ★ Anlegen des Lineals bei „0" üben ★ als Hilfsmittel zum Ablesen der Millimeter einen spitzen Stift nehmen ★ ein Partner misst und nennt das Ergebnis, der andere Partner misst ebenfalls und nennt das Ergebnis, dann ggf. Austausch über verschiedene Ergebnisse ☆ mit dem Zollstock verschiedene definierte Gegenstände des Klassenraums (z.B. Tafel, Tisch, Tür, Fensterbank ...) millimetergenau ausmessen und die Ergebnisse mit dem Partner vergleichen	LKV71 KV178, KV179
❷ Strecken mit vorgegebenen Längen zeichnen					★ weitere Streckenlängen selbst überlegen, die Länge vorab notieren, dann zeichnen ☆ größere Streckenlängen, die nur in mm angegeben sind, zeichnen, z.B. 42 mm	KV178
❸ die Streckenlängen von zwei verschiedenen Wegen messen und vergleichen					★ Teillängen der Wege notieren, dann addieren und mit dem Partner vergleichen ★ selbst Wege zeichnen und Lösung ermitteln, dann den Partner lösen lassen und umgekehrt ☆ komplizierte Wegeverläufe zeichnen, die Streckenlänge schätzen, dann lösen ☆ VM TH6 S. 12, 14; LM TH6 S. 10, 12	KV177
❹ in Aufgabe 3 einen dritten Weg mit vorgegebener Streckenlänge einzeichnen					★ mit dem Partner darüber austauschen, wie die gewünschte Weglänge gezeichnet werden könnte ★ Wege mit 10,1 cm, 11,2 cm und 12,3 cm Länge zeichnen ☆ einen komplizierten Wegeverlauf zeichnen mit Maximalangaben für die einzelnen Teilstrecken, z.B. einen Weg mit einer Gesamtlänge von 25 cm zeichnen, der aus 4 Teilstrecken besteht, von denen 2 mindestens 12,2 cm lang sein müssen	

Test 6b: Unterschiedliche Maßeinheiten verwenden

Nr.	Lernziel	Vorschläge	KV
❶	verschiedene Längenangaben in die angegebene Längeneinheit umwandeln	★ einen „Spickzettel" mit den Umrechnungen schreiben ★ auf dem Lineal die Millimeter abzählen und in gemischte Angaben umwandeln ★ Lernsoftware: „Kommaschreibweise bei Längen" ☆ Längenangaben mit km in m umwandeln, ggf. auch in cm	LKV73 KV182
❷	vorgegebenen Längenangaben Repräsentanten zuordnen	★ zuerst schätzen, dann durch Nachmessen überprüfen ★ verschiedene Gegenstände messen lassen, die ca. 1 m lang sind, dann verschiedene Gegenstände messen lassen, die ca. 1 cm lang sind, dann verschiedene Gegenstände messen lassen, die ca. 50 cm lang sind und die ca. 10 cm lang sind ☆ 2m, 5m und 10m lange Repräsentanten finden sowie 25 cm und 75 cm lange Repräsentanten	LKV74 KV180, KV181, KV184*, KV185*
❸	passende Maßeinheiten zuordnen	★ mit dem Lineal/Zollstock nachmessen und dann die Einheit nennen, in der abgelesen wurde ★ mit dem Partner weitere Beispiele für Angaben in m, cm, mm und km finden	LKV70, LKV74

Test 6c: Sachaufgaben lösen

Nr.	Lernziel	Vorschläge	KV
❶	Sachaufgabe mit Längenangaben im m-Bereich berechnen	★ mit einem Partner gemeinsam die gegebenen Informationen „übersetzen", dann rechnen und die Antwort notieren ★ Lernsoftware: „Sachaufgaben – Längen"	LKV76 KV186*, KV190, KV191
❷	Sachaufgabe mit Längenangaben im km-Bereich berechnen	★ gemeinsam mit einem Partner die Aufgabe „übersetzen", dann gemeinsam berechnen ★ Lernsoftware: „Sachaufgaben - Längen" ★ eine Rechengeschichte über eine Fahrt mit dem Auto zum Ziel „X" schreiben incl. Lösung	LKV76 KV186*, KV187–189
❸	Sachaufgabe mit Vergleich der Körpergröße berechnen	★ gemeinsam mit einem Partner die Aufgabe „übersetzen", dann gemeinsam berechnen ★ Lernsoftware: „Sachaufgaben – Längen" ★ Rechengeschichten zu den Größenverhältnissen der Kinder in der Klasse schreiben incl. Lösung ☆ Rechengeschichten schreiben, in denen Informationen in einer Tabelle dargestellt sind, incl. Lösung ☆ VM TH6 S. 16, 21; LM TH6 S. 14, 18	LKV76

kann	s	ü	t	n	★ Förderhinweise ☆ Fördermaterial*	LKV/KV
Test 6d: Geometrische Körper und Körpernetze						
❶ Tabelle mit Informationen zu verschiedenen Körpern vervollständigen					★ die realen Körper hinsichtlich Ecken, Kanten, Flächenformen genau untersuchen und entsprechend die Informationen in die Tabelle eintragen, ggf. einzelne Elemente aus der Tabelle am Körper farbig markieren und ebenso in den Zeichnungen ★ verschiedene Quader/Würfel/… darauf untersuchen, ob die in die Tabelle eingetragenen Informationen auch auf die neuen Körper zutreffen ★ Lernsoftware: „Die geometrischen Körper" ☆ eine Tabelle zu den Eigenschaften eines Prismas/Oktaeders/weiteren verfügbaren Körpern erstellen incl. Lösung ☆ VM TH6 S. 31, 32, 34; LM TH6 S. 27, 28	LKV77 KV192–194, KV198
❷ verschiedenen Körpern ihre Körpernetze zuordnen					★ reale Körper und deren jeweiliges Körpernetz gemeinsam mit einem Partner nebeneinanderlegen, falten, vergleichen und auch noch einmal die Eigenschaften besprechen ★ Suchaufträge in Partnerarbeit, wie z.B. für Würfel/Quader: „Markiere eine Ecke/Fläche/Kante und deren gegenüberliegende Ecke/Fläche/Kante. Markiere die beiden Ecken/Flächen/Kanten jetzt auch im Körpernetz. Markiere weitere Ecken am Körper in einer anderen Farbe und markiere diese jetzt wieder am Körpernetz. …" ★ Lernsoftware: „Würfelnetze" ☆ selbst Körpernetze für ungewöhnlichere Körper herstellen	KV192–194
❸ Netze ausschließen, die keine Würfelnetze sind					★ die Körpernetze auf großem Karopapier nachzeichnen und das Netz zum Körper falten, dann vergleichen ★ mit einem Partner über die einzelnen Netze austauschen und gemeinsam Begründungen finden, warum ein Netz ein Würfelnetz ist oder nicht ★ Lernsoftware: „Würfelnetze" ☆ eigene Netze zeichnen, die KEINE Würfelnetze sind	KV192, KV196*
❹ Netze ausschließen, aus denen sich kein Würfel bauen lässt					★ die Körpernetze auf großem Karopapier nachzeichnen und das Netz dann zum Körper falten, dann vergleichen ★ mit einem Partner über die einzelnen Netze austauschen und gemeinsam Begründungen finden, warum sich aus einem Netz ein Würfel bauen lässt oder warum das nicht klappt ☆ alle möglichen Würfelnetze finden, aus denen sich ein Würfel falten lässt	KV192, KV197*, KV199*

Test 6e: Baupläne und Ansichten zuordnen und anfertigen

❶ Baupläne ihren Würfelgebäuden zuordnen
- ★ den Würfelbau mit Würfeln nachbauen, dann den jeweiligen infrage kommenden Würfelbau entsprechend des Bauplans nachbauen und dann entscheiden, ob er passend ist
- ★ Lernsoftware: „Würfelgebäude zuordnen"
- ☆ Baupläne zu komplizierteren Würfelgebäuden zuordnen

LKV78
KV200

❷ Würfelgebäude ihren Bauplänen zuordnen
- ★ den Bauplan mit Würfeln nachbauen, dann den jeweiligen infrage kommenden Würfelbau entsprechend der Abbildung nachbauen und dann entscheiden, ob er passend ist
- ★ Lernsoftware: „Würfelgebäude zuordnen"
- ☆ Würfelgebäude komplizierteren Bauplänen zuordnen

LKV78
KV200

❸ Ansichten definieren
- ★ das Würfelgebäude nachbauen und dann gemeinsam mit einem Partner darüber austauschen, von wo aus das Würfelgebäude im Bauplan gezeigt wird
- ★ ein Partner beschreibt den Bauplan einer bestimmten Ansicht aus dem Kopf, der Partner nennt die Sichtrichtung
- ☆ Ansichts-Baupläne zu Würfelgebäuden erstellen, bei denen man nicht alle Würfel sehen kann

LKV78
KV201*

❹ verschiedene Ansichten eines Würfelgebäudes zeichnen
- ★ mit einem Partner gemeinsam die Ansichten festlegen und zeichnen, dann über die Zeichnungen austauschen
- ★ die gezeichneten Baupläne nachbauen und mit dem vorgegebenen Würfelgebäude vergleichen
- ★ Lernsoftware: „Baupläne schreiben"
- ☆ kompliziertere Würfelbauten mit 16 Würfeln als Grundfläche bauen und die verschiedenen Ansichten zeichnen; dann die Zeichnungen vom Partner nachbauen lassen, vergleichen und ggf. über Unterschiede austauschen
- ☆ VM TH6 S. 39

LKV78
KV201*

Test 6f: Daten aus Diagrammen ablesen und Diagramme erstellen

❶ Informationen aus einem Balkendiagramm entnehmen
- ★ zusammen mit einem Partner die Fragestellung „übersetzen", dann die Fragen gemeinsam beantworten
- ★ Fragen zu Balkendiagrammen mit anderen Größenbereichen beantworten
- ★ Lernsoftware: „Schaubilder auswerten"
- ☆ ein Balkendiagramm zu den 5 höchsten Gebäuden der Welt erstellen

LKV79
KV202, KV203*

kann	s	ü	t	n	★ Förderhinweise / ☆ **F**örderhinweise bzw. **F**ordermaterial*	LKV/KV
❷ Informationen in einem Balkendiagramm darstellen					★ zusammen mit einem Partner die Fragestellung „übersetzen", dann gemeinsam überlegen, wie das Balkendiagramm gezeichnet werden muss ★ das Balkendiagramm um die eigene Körpergröße (und ggf. weitere Körpergrößen anderer Kinder) ergänzen ☆ ein Balkendiagramm zu den Größen von 5 verschiedenen Tieren (kleine und große!) erstellen ☆ VM TH6 S. 8, 22, 27-29, 41; LM TH6 S. 7, 19, 24, 25, 35	KV203*, KV204*
Test 6g: Alle Möglichkeiten finden						
❶ für den zweiten Summand einer Additionsaufgabe vorgegebene Ziffern kombinieren und zugehörige Rechenbäume interpretieren und fortsetzen					★ zusammen mit einem Partner die Fragestellung „übersetzen", dann gemeinsam überlegen, wie die Aufgabe gelöst werden könnte ★ Kombinatorik-Aufgabe in anderem Zahlenbereich oder mit nur 2 Ziffern lösen ★ Lernsoftware: „Kombinatorik" ☆ eine eigene Kombinatorik-Aufgabe schreiben incl. Lösung	LKV80, KV205*, KV206*
Test 6h: Die Gewinnchancen bewerten						
❶ Gewinnchancen korrekt zuordnen und zu vorgegebenen Gewinnchancen korrekte Kombinationen notieren					★ zusammen mit einem Partner die Fragestellung „übersetzen", dann gemeinsam überlegen, wie die Aufgabe gelöst werden könnte; dabei argumentieren, warum eine Aussage stimmt oder nicht ★ eine leicht abgeänderte Aufgabe derselben Art (z.B. Säckchen mit roten und blauen Murmeln…) lösen, dann mit der ersten Aufgabe vergleichen ☆ Experimente machen, z.B.: Verändert sich die Aussage, wenn ich die Gesamtanzahl der Lose verändere? Verändert sich die Aussage, wenn ich die Anzahl der Lose mit Gewinnen verändere?	LKV81, KV208*, KV209*